ユダヤ賢者の知恵

石角完爾
Ishizumi Kanji

THE RULES

フォレスト出版

序文　コロナ時代に我々はいかに生きるべきか

その時代その時代の日本を覆っている、誰もその存在すら疑わない当然の前提が抜き去ってしまわれた。否定し取り払われた。

それが**コロナ禍**だ。

「株を守りてウサギを待つ」（韓非子《かんぴし》「五蠹《ごと》篇」より）

古い習慣を守り、それに囚われて進歩のないこと。

宋人に田を耕す者あり、田中に株あり兎《うさぎ》走りて株に触れ、頸木《くびき》を折りて死す。よりてその鍬《くわ》を捨てて株を守り、また兎を得んと恋焦がう。

「昔、宋の国に田んぼを耕していた男がいた。田んぼの中に切り株があり、兎が走ってきて株にぶつかり首を折って死んだ。そこでその男は鍬を捨てて株を見守り、また兎を得ようとずっとずっと待ち望んだ」

韓非子五蠹篇の文章から転じて、古い習慣を守り、それに囚われて進歩のないことをいうたとえだ。

コロナ禍の下、誰が切り株に食らいついていたのかがわかった。

つまり、全体を覆《おお》っている当然の前提、たとえば霧がかかって一寸先も見えないという全体を覆っている事象、誰もが疑いもしなかった当然の前提、それに立脚してすべての判断が行われていたことを一度取り払ってみる。

そうすると、切り株に食らいついて切り株を頑《かたく》なに見守っている、という日本の守旧の姿が浮かび上がってくる。傍《はた》から見ると、それで兎が取れるわけはないということが霧が晴れてみるとわかってくる。

同じように、**皆がプールに入って泳いでいる時に一度プールの水を抜いてみる。すると、誰が水泳パンツを履《は》いていないかがすぐにわかる。**

つまり当然の前提としてある水を一度取り払ってみると、誰がパンツなしの者であったかということが一目瞭然になる。

コロナになって誰がパンツを履かずに泳いでいたかがわかった。

コロナ後であろうがなかろうが、やれることをやっていなかっただけの裸のスイマーは誰か？

世界的に有名な「ミスター・ビーン」というイギリスのＴＶコメディがあるが、ミスター・ビーンの代表作の一つにこんなストーリーがある。

ミスター・ビーンが飛び込み台の高いところからこわごわプールに飛び込む。すると、入水角度が間違ったのか、履いていた水泳パンツが脱げてしまった。そして、その水泳パンツを間違ってプールで泳いでいた子どもが持っていってしまった。

あわてたミスター・ビーン。そのままプールに入って泳いでいる限りは大丈夫だろうと、しばらく水につかっていたが、指導員がピッと笛を吹いて、休憩の時間だからみんな上がれと指示をしたところから、ミスター・ビーンがプールの中であわてて出した。

こんな喜劇だ。

私、石角完爾はこのプールの中でパンツが脱げたミスター・ビーンこそコロナ禍の日本ではないかという気がする。

世界最大の投資家ウォーレン・バフェットが言っているが、**本当の危機が訪れたときに、誰が裸で泳いでいたかがわかる。**

「Only when the tide goes out do you discover who has been swimming naked」

つまり、水量が豊富にある時には、誰もがみんな護送船団よろしく泳いでいられるが、水位が急に減った時に、泳力のあるものだけが生き残り、パンツを履かずに見かけだけで泳いでいたものは脱落していくということだ。

私は日本がそうではないかと考える。

コロナ禍に限らず、今まで次々と襲ってきた危機に際し、幸いにも水位がまた上がってきて、経済の流れが日本の努力と関係なくよくなったので、本当の実力をつけることなく泳いでこれたというのが日本だと思う。

他の泳者が筋肉隆々で完全な競泳選手であるのに対して、世界経済全体の流れがよかったために、流れに竿《さお》をさし、自分の実力で追いついていると勘違いしていたのが今までの日本ではないか。

コロナ禍が日本に教えてくれること

考えなければいけないのは、なぜ日本が潮流に竿をさしていただけなのかという根本的な体質の問題だ。それをコロナ禍を契機として考えなければならない。

たとえば、**テレワークとオンラインの導入。**

コロナがあったからテレワークとオンライン導入が促進されたというのでは遅いのだ。コロナの前からテレワークとオンライン導入は必要であったし、世界的潮流であった。単に日本がその潮流に竿をさしていただけ。潮流を起こしていた者は別にいた。

テレワークとオンライン導入といえば、当然5G通信とZoomなどオンライン・ツールの導入が前提だ。ところが、いつまでも切り株（通勤型勤務方式と外国人訪日客）を守っていたため、コロナの霧が晴れたら、他の人間はとっくに兎を捕りつくしていたことがわかった。それが日本だ。

5Gの基本特許はサムスン（韓国）、ファーウェイ（中国）、クアルコム（米国）、エリクソン（スウェーデン）の4社で世界全体の特許シェアの95％を占めている。

残念ながら日本勢（NTT DoCoMo）はたった5％だ。

Zoomは日本製ではない。日本は霧の中にいて、自力で泳いでいると思っていたが、5GもZoomもよそ者が奪ってしまっていた。潮流はよそ者が起こしていた。ことほどさように、日本は流れに竿をさすだけで、実は何枚ものパンツを履かずに単に流されていただけであったことが露わになった。

コロナ禍が露わにした1枚目の日本のパンツ

1枚目のパンツ。それは**時代にそぐわない学校制度**だ。

4月入学か9月入学かという議論が日本で沸き上がったという裸のパンツの日本という問題が浮き上がってきた。

日本では集団登下校のように、誰もが一斉に同じ時期に同じことをする行動が随所にみられる。

たとえば**新卒一斉採用**である。大学を卒業して4月に企業が新卒を一斉に採用する。何年度採用組ということだ。そして企業は一斉に新入社員教育をする。そして小学校、中学、高校は大学に至るまで一斉4月入学、一斉3月卒業を十年一日《じゅうねんいちじつ》のごとく守り通してやってきている。

しかし、**日本以外では4月入学も9月入学もない国は多い。**Rolling admission、Rolling graduation といって、学校にはいつでも、どの時期でも、何月何日でも入学できる。そして時期に関係なく、必要教科を理解したと認められれば卒業できる。

そもそも学業の優れた子は小学校も3年で卒業、中学校は1年で卒業、高校も1年で卒業、大学は3年で卒業するという飛び級を繰り返すことも認められている。また、**ホームスクール**といって学校に行かないで両親が先生代わりになることも認められているから、いつ授業を両親が家庭で始めても構わない。ホームスクールはすべて

Rolling admission、Rolling graduationである。

特に最近ではオンライン大学、オンライン高校、オンライン授業ということになっているので、そもそも教室がない。教師や先生の授業はオンラインで録画されているので、いつ入学してもコースの最初から授業が受けられるというわけだ。そして各人の進行速度に合わせて卒業もバラバラになる。オンラインで卒業しても卒業証書はもらえる。

これが世界の教育の実態なのに、日本ではコロナをきっかけとして4月入学か9月入学かという不毛の論争が始まった。

おまけに、コロナで3ヶ月遅れた、どう取り戻すかと大騒ぎしている。

私、石角完爾は弁護士歴50年近くになった今、大学紛争で24ヶ月まったく法学部の授業がなかったことの遅れで何かその後の人生で苦労したと感じたことも聞かれたこともない。標準より3ヶ月遅れることに大騒ぎする**異常な横並び意識**こそ、パンツを履かずに泳いでいると言わなくてはならない。

横並びの公共教育を受けずとも世界記録を出せる

世界に目を向けると飛び切り上等の水泳パンツ（学校に行かずに自習する）を履いて世界記録を出している泳者がいっぱいいる。

いくつかその例を示そう。

一つは**ユダヤ教の宗教学校**である。

ユダヤ教徒は日本のような公教育をまったく受けない人達の集団がおり、それはイスラエルの人口の10％にもなる。

彼らは基本的にイスラエルの公立学校には進学しない。家庭教育もしくは礼拝所シナゴーグで主催されるヘブライ聖書の勉強だけを行うのである。

その勉強のスタイルも独特で、そこには先生はいない。

教科書はヘブライ聖書とその注釈書といわれるタルムード。それを1日1項目、1日8時間、生徒同士が1対1で向きあって議論するという教育をしている。

なのに多くのコンピュータ・サイエンティストを輩出している。

二番目はアメリカなどの**ホームスクール**である。アメリカの公立高校に行くことを拒否する両親は多数おり、自宅で両親が教えることで高校卒業資格がもらえるし、大学入学もできる。

このホームスクールで育って著名人になった有名な例が私が知っているだけでも二人いる。

一人はアメリカ人の女性だが、イギリスのケンブリッジ大学で博士号を取った**歴史学者タラ・ウェストオーバー（Tara Westover）**。彼女はアイダホの山奥で生まれ育ち、父親が一切の公教育を否定し、一切の州連邦の医療保険に入ることも拒否していたので、すべて自習でアメリカのブリガムヤング大学まで進んだのである。ブリガムヤング大学に入学するまではまったく学校に通ったことはない。

自習でブリガムヤング大学に入学後、めきめきと頭角を現し、イギリスのケンブリッジ大学に進学して修士をとり、その後ハーバード大学のフェローとなり、その後またケンブリッジ大学の博士課程に進学して博士号を取得している。専攻は歴史学である。

もう一人はイスラエルのテクニオン工科大学コンピュータ学部の学生で**ライオール・ニューマン（Lior Neumann）**という若きコンピュータ数学者である。彼は世界で初めてBluetoothのプロトコルの脆弱性を見つけ、それまでハッキングが不可能といわれていたBluetooth通信を2回に1回ハッキングすることに成功し、世界の通信業界を震撼させた男である。

彼もまったく公教育を受けていない。すべて自習でイスラエル工科大学の博士課程まで進学している。

2枚目のパンツは「ならえ右」の一斉主義

日本の2番目のパンツは**〝ならえ右〟の一斉主義**だ。

日本企業はほとんどが3月決算、6月株主総会と一斉に決算し、一斉に株主総会をやる。これではたとえば新型コロナのようなことが起こると、その時期によっては日本企業は一斉に決算が遅れる。つまり日本企業が上場している東京証券取引所の株価の変動が一斉に影響を受けるということになりかねない。

日本の国の会計年度も一斉に4月から新会計年度が始まる。しかし国の事業などになると、特に災害復旧や新型コロナ対策のようなことになると、災害やコロナウイルスは国の会計年度に合わせて来てくれることはないので、期末近くにコロナが来ると、臨時予算を組み直す、大型の予備費で対応するなどということになりかねない。

そうすると、あわてて組む予算になり、単年度内使用となると非常に杜撰《ずさん》な予算計上と執行になり、業者丸投げになってしまう。

何事につけて、一斉に物事を始め、一斉に物事を終える。それに少しでも遅れるなという日本の十年一日のごとくやってきている一斉主義こそが問題だということが、コロナ禍になってわかった。

一斉主義とはガダルカナル島の戦闘やミッドウェー海戦のように、何かあったら全員が共倒れになってしまうということだ。

一斉に物事をやるということは、共倒れになることで自分の責任が問われないというメリットがあるのかもしれない。しかし一斉に物事を始めない他の国にしてやられるということになるだけだ。

3枚目のパンツは「日本の垂直差別主義」

コロナであぶり出されてきたことに**垂直差別問題**がある。

アメリカではちょうどコロナ禍の時期に、白人が黒人を差別するという水平差別問題（社会の水平的構成員たる白人が別の水平的構成員たる黒人を差別する水平差別）が表面化し、国際的な社会問題となる広がりを見せた。

私、石角完爾が見るところ、日本にもこの差別問題が存在する。

それは人種や肌の色で差別する水平差別ではなく、**会社が社員、下請け、出入り業者、非正規、派遣を差別するという垂直差別**である（垂直差別とは社会の垂直関係にある関係者間での差別のこと）。

日本では古くからお稲荷さん、弁天さん、お釈迦さんと神仏に親しみを込めて「さん」付けをして呼ぶ神仏擬人化現象が見られる。ところが、昭和の高度成長期以降、企業組織体に「さん」を付けて呼ぶようになった。この場合親しみを込めて言う「お稲荷さん」とは違う。尊敬を示す「さん」付けである。

会社への「さん」付けはさらに会社を神社の本殿と同様に神聖なる場所という意識を日本の企業社員文化に植え付けた。**会社に「さん」を付けて呼ぶこと、会社を擬人化することが日本企業の意思決定のスピードを遅くすることにもつながっていることに気づかなくてはならない。**

4枚目のパンツは「ハンコ習慣」

習慣には良い習慣と悪い習慣がある。マスク習慣は日本の良い習慣だ。

コロナの前であろうがなかろうが、やれることをやっていなかったということが白日の下にさらけ出されたのが、日本の旧弊である**ハンコ主義**だ。

ハンコ主義こそ「株を守りて兎を待つ」の最たる例だ。

ハンコを押させるためだけにコロナ感染リスクを冒してまで、満員電車で出社させる会社人格化社会は、白人が黒人を差別する社会と同じで、会社様が社員を差別する社会だということになる。

社員や取引先、下請け、出入りの業者はどこにいても成果だけを相手に提供すれば

いいのであり、関係は対等だということにならないといけない。

コロナでそのことに気づく時が来たのではないか。

何と多くの会社でリモートワークをする社員がハンコを押すためだけに出社せざるをえなかったという。しかも新浪剛史氏が率いるあのサントリーがこれをきっかけにハンコを廃止すると報道されていたが、それによってサントリー全体で6万時間の節約になると計算しているらしい。

しかしハーバード・ビジネススクールを出た新浪氏がトップをしている組織が、コロナの時に至るまでハンコ主義を廃止していなかったとは驚きだ。

5枚目のパンツは「ダダ洩れの情報管理」

5番目のパンツとして、個人情報、個人情報と言いながら**実はダダ洩れの個人情報管理**、コロナ前からパンツを履いていないと言われている**お粗末なリスク管理**を指摘したい。

日本の多くの会社で採用していることだが、**個人情報や機密文書と思われるものを**

パスワードロックのEメール添付で送る時に、いちいち2本目のEネールでパスワードを続けて送信するというナンセンスな慣行はこの際コロナ後廃止した方がいい。

最近のニュースで、ある日本政府の機関が機密文書をこのやり方で送る時に、送信先を職員が手入力しタイプミスをしてしまったために、まったく違う第三者に機密文書が送られた。当然のこととして、その機密文書の添付書類を開くパスワードも立て続けにその間違った先に送られたのである。

何のためにパスワードで保護しているのかと言いたくなる。パスワードを立て続けに同じEメールアカウントから同じIPアドレスを使って同じWi-Fi、同じパソコンやスマートフォンを使って立て続けに送信すれば、そもそもパスワードの意味がなくなるわけだ。

ハッカーが常にそのようなEメールを狙っていると仮定せよ。立て続けに送られるEメールにパスワードが書かれていることはすぐにわかってしまうから、いとも簡単にハッカーが機密文書を開くことができてしまう。

さらに言わせてもらえば、**「本件文書はパスワードを使って開いていただく必要があります」ということをEメールにわざわざ注記し、立て続けにパスワードを送ると**

いうのは愚かとしか言いようがない。

なぜなら、間違った先に送ってしまったEメールには一目瞭然で機密文書が含まれているということがわかるから、悪意のある者なら喜んで立て続けに送られてくるパスワードを使って添付文書の機密文書を開いてしまう。つまり1本目のEメール本文にわざわざ「パスワードでロックされています。パスワードは次のEメールで送ります」と書くということは、逆に悪意で狙っているハッカーの注意を引くというものだ。

安全を期すならば、そういう表現を書かないで、まずは機密文書をパスワードでロックした状態で送る。そしてパスワードはファックスで相手方に送信することだ。

あるいは少なくとも、立て続けのEメールではなく、グーグルのGmailなどにある時間指定の機能を使って、少なくとも24時間後にパスワードを知らせるEメールを送信するという時間差送信が必要であろう。

立て続けのEメールでパスワードを送るというのは、たとえて言えばライオンに狙われている鹿が草むらに身を隠しているのに、わざわざ草むらの上に目立つように「鹿がここにいます」という看板を付けるようなものである。

パスワードは立て続けに送るな。少なくとも24時間の時間差をおいて送れ。一番安全なのはパスワードはファックスで送ることだ。

こういう基本的なところが日本企業の脇の甘さを示していると言わざるをえない。おそらく会社で決めたことだから、十年一日のごとく誰も何の疑いも持たずにこのやり方を踏襲している。

そうしたものはコロナの前後を問わず、すべて改めた方がいい。

6枚目のパンツは「民度の低い政治家」

第6のパンツは何か。**指導的立場の人間の無能力や政治家本人の民度の低さ**、つまりパンツを履いてないことが白日のもとにさらけ出されたということだ。

安倍晋三のお粗末さはここでは繰り返さない。

おまけは副総理たる麻生太郎のお粗末さが出てしまったことだ。

麻生太郎は日本人のコロナ死亡者数が少ないことをめぐって、以下の発言をした。

「『お前らだけ薬持っているのか』とよく電話かかってきたもんですけども、『おたくとは、うちの国とは国民の民度のレベルが違うんだ』っていつも言って、言ってやるとみんな絶句して黙るんですけど、そうすると後の質問が来なくなるんで、それが一番簡単な答えだと思って、クオリティが違うという話をよくしていました」

そもそも民度とは何を言っているのか。

民度発言の主の口から聞きたいところだ。

第一に「人口当たりの死亡者が多いのは民度が低いからだ」とは、外交上きわめて愚かな発言だ。そもそも世界中の多くの亡くなった方、その家族、看取ることすらできなかった家族や友人に対する配慮の欠如は著しい。ざっくばらんに言えば「レベルが低いから死んでいるんだ」ということになる。

特に麻生太郎の民度発言で問題なのは、「感染が多いのは民度が低いからだ」という、コロナ禍後にアメリカで起こった黒人の人種差別を助長するような発言をしたことである。

コロナウイルスの死亡者数、患者数は黒人が白人に比べて多い。それは事実として報道されている。麻生発言は「黒人は民度が低いから感染するんだ」と言ったことになる。

きわめて人種差別的な問題発言と言わざるをえない。

民度発言の主に聞きたい。民度と死亡はいったいどういう関係があるのか？　日本でも多くの人が亡くなっている。そういう人達は民度が低いというのか。民度発言の主に聞きたい。

そもそも民度とは何を言うのか。その定義は何だ。

国民の識字率をいうのか、国民の義務教育率をいうのか、それとも国民の大学進学率をいうのか。それともその国の国民が取得している特許の件数をいうのか。その国の国民の大学教授などが発表している論文数をいうのか。

それともその国の政権が発するメッセージに従う国民の多さをいうのか。それとも政府の発する自粛要請という罰則と強制力を伴わない要請に対して従う国民の多さをいうのか。それとも今回のように罰則付きの法律でしか外出の自粛要請に従わない国民の少ないことが民度が高いというのか。

2020年6月時点、人口あたりの感染率で最も高い値を示しているのはベルギー、次にイギリス、イタリア、フランス、スペインと続くが、これらの国の民度が低い点はいったい何なのか答えてもらいたい。

仮にイギリスが日本のような低い感染率を達成したなら、イギリス王室はチャールズ皇太子に麻生のような民度の低いしゃべり方はさせまい。

英語で「民度が高い」というのは「Sophisticated」とか「Educated」「Developed」とか「Civilized」または「Rich」ということになると思われるが、そのSophisticatedされたイギリス王室ならチャールズ皇太子にこういう風に語らせるだろう。

「今回わが国の感染死亡者数が非常に少なかったことに関しては、まずもって神に感謝していると言いたい」

「そして何よりも多くの国の感染死亡者の方々にご冥福をお祈りすると同時に、感染死亡者の方々のご家族、ご友人、そして現在も入院しておられる方のご家族、ご友人の方に深い同情とこの困難な状況に耐えておられることに改めて敬意を表したい」

「なお、ご指摘のわが国の感染死亡者数が非常に低かった点については今後、医者、科学者、文化人類学者などが科学的な分析を進め、その結果、世界の他の国々に役立つことがあると思われる場合には迷うことなく公表していきたい」

これこそが民度の高い一国を代表する者の発言というものだ。

石角完爾は麻生太郎のような民度の低い発言をする人が一国の副総理であることを大いに恥じ入り、麻生発言により傷ついた人々に謝罪したい気持ちである。

新型コロナ肺炎患者の死亡者が少ないのは民度が高いからだということを言う政治家がいる国の民度をもって恥じ入っていることを改めて表明したい。

7枚目のパンツは「物事の大前提を疑えない国民性」

第7番目のパンツ。これが一番大切なパンツだが、それは**「誰も何も疑わずに国全体を覆っていた当然の大前提」を疑うことができる人間を教育できなかった**という点である。

戦後の日本の経済成長を支えた「オフィス出勤型・時間拘束・残業強要型勤務形態」を誰も疑わず、どんどん都心にオフィスビルを建設、どんどんとそれを中心に鉄道網、公共交通機関網も発展し、どんどんと郊外、郊外へと通勤時間が延びる出勤システムを前提に日本経済が構築されてきた。

マイホーム、マンションブーム、高度な地下鉄網、鉄道網の建設、大量輸送網の構築。それをいったん取り払って、そういうものがない前提の社会ではどうなのかということを考えてみる必要があったのだ。

東日本大震災の時には「想定外のことを想定する必要があった」ということがさんざん言われたが、コロナ禍の時には「当然の前提として誰も疑わないで目の前に存在していることすらなくなるかもしれないということを考えることが必要だ」ということがわかった。

それがコロナ禍の教訓だ。

つまり、東日本大震災は「想定外のことを想定できる人間を生むような教育」をする必要があるということが分かった。

そして今度のコロナ禍は「**まったく当たり前のこととして存在しているその存在すら気づかない事象をいったん取り払って、それすらなくなった社会はどうあるべきかということを考えられる人間を教育して育てる**」ということがコロナ禍の教訓だ。

つまり絶対に起こらないことが起こるということを考えることができる人間を教育

する必要がある（東日本大震災・福島の教訓）と同時に、絶対なくならないで当然のこととして存在しているものすらなくなることがあるということを思いつき、それがなくなった時に社会がどうあるべきかということを考えつき、設計していくことができる人間を教育して育てる必要がある（コロナ禍の教訓）ということだ。

それはどういう教育か？

少なくとも今の日本の教育ではそういう人間は生まれない。せいぜい想定外のことが想定できるように、できるだけ想像をたくましくするような人間が今の日本の教育でも頑張れば生まれてくるかもしれない。

しかし、当然のこととして存在している誰もが疑わないでその恩恵に預かっている事象をいったん取り払って、それがなくなった時のことを考えることができる人間、なくなった時にどうあるべきかということを設計できる人間、そういう人間を生む教育はどのような教育であるべきかということを考えていかなければいけない。

「バベルの塔」と「ノアの箱舟」の物語が教える本当の意味

私はユダヤ教徒だが、ユダヤ教のヘブライ聖書ではまさに当然のこととして存在して誰もが疑わないで恩恵に与っている事象を、完全に神が人間の足元から奪い去り、人間の教育を根本からやり直した話が何度となく登場している。

たとえば**バベルの塔の物語**だ。

みなさんもよく知っているバベルの塔は、神が人間の傲慢を怒られて人間が建てた高層ビルであるバベルの塔を破壊されたという単純な物語ではない。

じつはバベルの塔を建てるための前提となっていた人間の統一言語、つまり人々が同じ言葉を話すために人々は思い上がってバベルの塔のようなものを作ってしまった。その統一言語を神がいったん否定され、それまでしゃべっていた人々の言葉が急に通じなくなってしまったとヘブライ聖書には書かれている。

つまり日本人にたとえて言うならば、急に夫婦間の日本語すらまったく通じなくなってしまったわけである。テレビもラジオも新聞も、何をしゃべっているのか、何が書かれているのかまったくわからなくなってしまった。その時に人々はどのように意思を疎通したのか。言語の教育はどうしたのか。

もう一つは**ノアの方舟の物語**である。

これも人間の誰しもが想像できないような大洪水を神が起こされ、地球上のすべてが大洪水の水に沈み、残ったのはノアの方舟に乗っていたノアの家族と、一つがいの動物の種族だけという世界がいきなり到来したのである。

この時に人間はどのようにして生き延びてきたのか?

それはノアの方舟を作ったノアの家族だけが生き延びることができたということである。

コロナ禍にあって我々はノアの方舟を作ることができるのか。

ノアの方舟を作る人間を生む教育とはどのような教育なのか。

ノアは方舟を作るのに非常な長期間を要した。世間の人々はノアを変人呼ばわりし、誰もノアと付き合おうとはしなかった。今で言えば、SNSで激しい誹謗中傷に遭ったような状態にノアが陥ったのである。

誰ともノアは口をきいてもらうこともない。誰もノアに食料を売ろうともしない。完全に吊るし上げをくらった状態で何十年もかかってノアの方舟を設計し作り上げた。

ノアのような人間を育てていく教育はどうあるべきか。

コロナ時代の教育論として考えていかなくてはならない。

これからの日本には「超はみ出し人間」を
育てる教育が求められる

なぜ、日本は5G技術を押さえることができなかったのか、なぜZoomは日本製でないのかという根源的な問題を考えることが必要だ。

そのような根源的な問題を考えることができる人間を教育できなかった日本の教育の根源的な問題。いったいそれは何なのかということを考える人間を育てる教育が必要ということだ。

前述した歴史家タラ・ウェストオーバーのように、まったく学校へ行かずに偉大な学問的業績を達成した人物がいる。そういう人間でないと、5G技術やZoomのようなものを日本から生み出すのは難しいだろう。

一言でいえば**「超はみ出し人間」を創る教育**だ。

そんな教育の源はギリシャのサモス島にある。

ピタゴラスが打ち立てたサモス島の**ピタゴラス研究所**は、当時のギリシャ世界のスーパー天才だけを集めた。そのサモス島から次から次へと後世1000年にわたって偉大な学者が生まれている。

サモス島で鍛えられた、世界的に偉大な哲学者、数学者、物理学者、倫理学者たちは以下の通りだ。

◎ピタゴラス（Pythagoras）　BC6世紀。サモス島出身。数学者。

◎エピクロス（Epicurus）　サモス島出身の倫理学者、物理学者。BC4世紀。トマス・ジェファーソン、カール・マルクスに大きな影響を与える。社会経済学の先人。

◎アリスタルコス（Aristarchos）　BC4世紀。サモス島出身。宇宙物理学者。世界最初の地動説を唱える。

「超はみ出し人間」教育塾といえるピタゴラス研究所のようなものが日本にはない。ただし世界にはある。ここが問題なのだ。

ギリシャのサモス島のピタゴラス研究所のような研究所が21世紀の世界にいくつか存在する。

◎コールドスプリング・ハーバー研究所（アメリカ）
◎ワイツマン科学研究所（イスラエル）
◎プリンストン高等研究所（アメリカ）
◎オーストリア科学研究所（オーストリア）
◎ジャワハルラール・ネルー先端科学技術研究センター（インド）

その他、世界の公共政策に関する研究所の世界トップ5にも日本はない。これも問題だ。

◎ブルッキングス研究所（アメリカ）
◎王立国際問題研究所（イギリス）
◎カーネギー研究所（アメリカ）

◎ストックホルム国際平和研究所（スウェーデン）
◎戦略国際問題研究所（アメリカ）
◎RAND研究所（アメリカ）

コロナ禍が問いかける根源的かつ哲学的問題とは？

このような研究所またはシンクタンクがコロナ時代に研究すべきことは以下のようになる。

人間が地球に誕生して約6500万年の間にたゆむことなく継続して行なってきたのは、神が人間よりも前にこの地球上に誕生させていた人間以外の植物を含めた生態系および自然環境を破壊するという行為である。

その破壊速度は神が生態系および自然環境を守るために地球に深く埋められて利用できないようにしておられた石炭と石油、天然ガスを神の意志に反して掘り出し、利用し、燃焼させることにより、加速度的に生物生態系および自然環境の破壊を起こしてきている。

このことを前提として考えると、新型コロナウイルスよりももっと病原性の高い、かつ感染力の高いウイルスが人類に次々と襲ってくることは容易に想像される。

石角完爾はこれを**「感染症の連続大爆発」**と呼ぶが、感染症の連続大爆発で人間に求められているものは、そもそも神が創られた宇宙において、人間という存在がいったい何であるのかという、きわめて根源的な答えを探し求めることができる人間を一人でも二人でも集めて、その深い思慮と先見性を提言させ、一般の人々がそれを謙虚に受け止め、噛み砕き、実行することが求められていると言わざるをえない。

そのような思索と考察、提言ができる人間は、現在の日本国があまねく実施している、小学校から大学までの「6・3・3・4制」という通常の教育システムからは生まれるべくもない。また過去において生まれてきたこともないのであるから、公教育たる6・3・3・4制とはまったく違った教育の道を模索する必要がある。

そのような道からはじめて、宇宙における人間とは何であり、どうあるべきであり、どうなるかという根源的な問題について解答を提供することができる人間が生まれてくる可能性がある。

いかなる科学技術の進歩があろうとも、現在の人間が数千年前の人間と比べて根本的に違うということはない。

したがって、我々は数千年の歴史を振り返り、上記のような根源的かつ根本的な問題につき、どのような歴史上の人物が答えを出そうとしていたかを知ることにより、過去の人物がどのような教育と学習により思索と考察を深めることができたのかを振り返ってみなくてはならない。

そうする時、1000年、2000年にわたってその輝きを失うことのない偉大な考察を行なった人間は誰であるかを探してみると、どうしても我々は偉大なギリシャ哲学者にたどり着くことになる。

その筆頭位に上げられるのが、ピタゴラス、ソクラテス、プラトン、アリストテレス、エピクロスという古代ギリシャの偉大な哲学者たちである。

宇宙の中における人間とは何か、そして宇宙の中において人間は何のために存在し、どうなろうとしているのか、どうあるべきかというきわめて根源的な問題に解答を出す思索と思考と考察は、現代の学問上の分類をそれに当てはめるならば、哲学、宗教学、神学などと言われるものに帰属する。しかし、そもそもがあまりにも根源的な問題であるがゆえにそういった学問分類が当てはまるものでもない。

それがゆえに現在の日本の6・3・3・4制という教育制度のもとでは、とうていこのような根源的な問題に思考を深め考察する人間が生まれてくるはずもないのである。

「教育の縮小再生産」を止めるべし

「教育の縮小再生産」と私は呼んでいるが、同じ教育システムを受けた先生から教育される子は、先生と同じような大人になっていくのであるから、特に日本のように同調圧力の強い国、出る杭は打たれる国にあってはなおのこと、公教育は縮小再生産を行なう金太郎飴自動製造機である。

根源的な問題に思考を深め、考察する人間が生まれてくるためには、まったく違った教育システムが存在する必要がある。

たとえば一切の公教育を拒否したタラ・ウェストオーバーはモンタナの山の中に住み、出生証明書もなく、アメリカの法制度上では人間として認められてすらいない法的境遇下にあった。

隣の家まで1時間も2時間も歩かなければどこにも行き着かないという山の中に住んでいて、教育といえばモルモン教徒としてのモルモン教の聖書と、自習用の図書を独学で勉強することだけであり、それも母親か父親から教えてもらうという教育だけ。

つまりアメリカの州政府や連邦政府が用意する公教育とはまったく別の家庭における宗教教育と自習の中で育ったのである。**したがって、普通のアメリカ人とはまったく違う思考方式、思考パターン、考え方、着眼点を有することとなるのは必然である。**

日本では公教育制度が整っており、義務教育としてすべての子どもは日本の公立学校や政府が認める私立学校に入学させなければならないから、日本の公教育は日本人全員に課され、**その結果としてその公教育を受けた先生が教える子ども達はほぼほぼ同一の思考パターンと同一の能力を（多少の優劣の差はあるにしても）有することになる。**

平たくいえば金太郎飴が再生産されるということである。

人類とウイルスの関係の変容が求められる
「感染症の連続大爆発」の時代

石角完爾が言う「感染症の連続大爆発」とは、ここ何十年石角完爾が見るところ、未知のウイルスが人間界をたびたび襲ってくる頻度が加速度的に頻繁になってきていることだ。

エボラ熱、デング熱、新型鳥インフルエンザ、豚インフルエンザ、MERS、SARS、そして今回の新型コロナウイルスである。

その間隔が徐々に短くなってきていることは否めない。となると人間はワクチンの開発を次から次へと強いられることになり、ついにはワクチンを開発したと思ったとたんに別の超新型コロナウイルスの波が襲ってくるということになるであろうと思われる。

そしてついにはワクチンの開発が間に合わない頻度で新型ウイルスが次々に襲ってくる。

これが石角完爾が言う**感染の連続大爆発**である。

したがって、世界はここで人類とウイルスの問題について根源的・根本的に考え、研究し、新しい哲学つまりウイルスの下でも人間はどうあるべきかの価値体系を打ち立てる必要がある。

つまり、いずれも神の創られた「ウイルス」なる半生物と万物の霊長たる「人間」との関係を根本的な角度から研究すること。イーロン・マスクのいう人類の火星移住で救われる人類の数は非常に限られていることを鑑みると、やはり神が人間に与えた地球という天体における人類と人類以外の生物体系、植物体系、環境及びウイルスの関係について根本的かつ根源的な理論を打ち立てる必要がある。

そしてそのような研究を行う人間は日本の公教育の中から生まれるものではなく、やはり数千年の試練を耐え抜いて現在でもその輝きを失っていないギリシャ哲学の巨星達の現代版を生み出す必要がある。

石角完爾がここに必要だと主張している研究所あるいはシンクタンクは、ワクチンや治療薬を開発する先端科学研究機関のことではない。

「これまでとはまったく別の角度から人類とウイルスの関係について深い哲学的な考察を行い、その考察に基づき世界の人類に向かって、今後の地球という惑星における人類と自然環境、植物層、動物層そしてウイルスとの関係から、地球における新参者である人類が取るべき行動科学的研究はどうあるべきか」

このことについて、1000年、2000年の歴史に耐える提言を行うことができる哲学者集団のシンクタンクを地球的規模、すなわち各国の支援と拠出のもとに創出することが必要だ。

コロナ禍が求める日本の教育改革とは？

そのような人物を生むため、日本の行うべき教育改革は、次の2点である。

①無料のオンライン自習教育を早急に充実させる

私が思うに、かかる哲学的人材の育成輩出のためには6・3・3・4制とはまったく別の「オンライン自習教育」が必要であり、それ以外の方法では、教室の同級生から邪魔されず、深い哲学的思索をめぐらすことのできる人材の育成輩出は難しいと考えるからである。

なぜならばすでに述べている通り、教育は縮小再生産の宿命を負っており、6・3・3・4制の教育を受けた先生が教える子どもたちは、先生と同じ金太郎飴を再生産するだけだからである。

ギリシャの偉大な哲学者のような人材を生み出すためには、教室の同級生からいじめられず、邪魔されない自習しかない。

もとより紀元前のギリシャ、特にサモス島において多くの偉大な哲学者が生まれたのはなぜかということを研究する必要はあるが、21世紀の現代日本においては、日本を代表する知性を具現する最高クラスの大学教授をもってしても、そのような哲学的思索をめぐらすことのできる人材を生み出すのは難しい。

なぜならば、それらの大学教授といえども6・3・3・4制の申し子であるから、教室のある教育では不可能であるといわざるをえない。

自習に基づく天才の発芽を待つ以外にはない。逆に言えばいかに他の生徒からいじめられず、邪魔されない自習の機会を充実させるかということである。

その模範解答は、すでに欧米に存在する **MOOC（Massive Open Online Courses＝大規模公開オンライン講座）**、ハーバード大学とマサチューセッツ工科大学が共同で立ち上げた無料のオンライン教育サービス **edX** である。

②世界最高クラスの図書館の整備

自習を補完することができるのは、世界最高クラスの図書館の整備である。図書館こそ理想の自習室であるからだ。

ウイルスと人類および動植物生態系という三つの登場人物を考えた場合、生き方を変えることができるのは人類だけだ。

動植物生態系およびウイルスにその生き方を変えるよう求めることは不可能であるから、我々人類がウイルスを封じ込めるためには、動植物生態系とどのような関係を構築する必要があるのかを哲学的に考察する以外にない。

ここにおいて「ウイルスを封じ込める」という表現は言葉の綾《あや》であり、逆にいえば、人類がいかに病原性ウイルスから逃避することができるかということを深く考察する哲学者が、今後の数千年の人類の在り方につき、提言をすることに期待する必要がある。

本書『ユダヤ 賢者の知恵』がその一助となり、ユダヤ4000年の歴史からいくばくかの哲学的ヒントを得ていただければ望外の喜びである。

石角完爾

ブックデザイン　小口翔平＋喜來詩織（tobufune）
編集協力　塚越雅之（TIDY）
DTP　キャップス

第1章

ユダヤ流 生き方の極意

三ツ星レストランは不要。
貧しい食事でも
十分もてなしの心は
表現できる。

食道楽をしないユダヤ人

筆者の45年にわたる弁護士人生を振り返ってみても、豪華で贅沢《ぜいたく》な食事を一流のホテルで振る舞う人は、何年か何十年かあとに刑務所に入るような人が多かった。あるいは、比較的早くこの世を去った。ウォール・ストリートでも一本1000ドルもするワインを空け、超一流のシェフのレストランで食事をする一部の人々は、何年かのちの人生は没落している人が多かった。

私たちユダヤ人同士では、安息日（金曜日の日没から土曜日の夜まで）の夕食に招いてもてなすのが友情のしるしだが、決して三ツ星レストランとか、一流ホテルとか一流シェフのいるレストランなどには行かない。

そもそもそれらの食事はコーシャ（ヘブライ聖書の戒律に基づいたユダヤ教の食事）ではないからだ。もとよりユダヤ教ではそのような贅沢で、ただ味を追求するだけの食道楽は、宗教的に厳しく戒められている。

貧しい食事であっても十分もてなしの心が表現できる道を採るべきであるというの

が、ユダヤの教えであり、それは洗濯したてのテーブルクロスとローソク、そして一本の赤ワインである。

また、過大な報酬や過大な支払いも受け取るべきではない、とする。

そもそも仕事の正当な道徳的な対価というのは、一家・一商店をそこそこ支えるほどのものであるべきであり、それ以上のものは差し出されても受け取るべきではない。過大請求するなどとんでもないことであり、もし万が一受け取ったならば、それは「ツェダカ（貧しい人々への寄附）」にすべきものとユダヤ教では教えられている。

そもそも大金を持っていても健康で幸せな人生と長寿は保障されないだけでなく、大金は逆に不健康で短い人生を招くことになる。

幸福とは
「幸福感」を
感じることだ。

幸福感を感じるために ユダヤ人がやっている9つの日常習慣

金をいくら持っていても、何か満たされない。それが現代人だ。過労死、自殺、いじめ、大麻、覚醒剤、振り込め詐欺。

終戦直後の焼け野原と今を比べると、明らかに今の方が金も、物も、食料も満たされている。それなのに幸福感、達成感、目標に向かう充実感は今の人の方がはるかに欠けている。

ユダヤでは、4000年の歴史の中で、金銭的に物質的に満たされることと幸福は関係ないと繰り返し教えられてきた。**ユダヤの教えでは幸福とは「幸福感」のことだ。**つまり、ある人が不幸と思っていることでも幸福感を感じる人はいる。

要は心の問題だと教える。

ユダヤ教が教えるノウハウを紹介しよう。人が幸福感を感じるためには、次の9つのことを実行することとされている。

①人を褒めること
②何ものにも邪魔されぬ家族との時間を持つこと
③自分がなぜ生まれてきたかを考える
④この世に生まれてきた目的に一歩でも近づくための一歩一歩を毎日習慣として行う
⑤ダイエットをすること
⑥一カ所に留まらない
⑦しゃべるよりも聞く
⑧魂をあらゆる騒音から遮断する一日を持つこと
⑨不運が襲ってきても、その不運を幸福感の持てる他のものに作り変えられるまで不運とバトルすること

ユダヤのノウハウ①　人を褒めること

人に認められ、褒められることほど、その人に幸福感を与えることはない。

であれば、**人に褒められることを単に待つのではなく、自ら人を褒めてみよう。**そうすれば、少なくともその人に幸福感を与えることができる。

人に幸福感を与えることは、自分を不幸にするであろうか。ユダヤでは、人に幸福感を与えることは自分に幸福感をもたらす一つの善行であると考える。

ユダヤでは他人を褒めることは一種の義務である。

ユダヤのノウハウ② 何ものにも邪魔されぬ家族との時間を持つこと

ユダヤでは、強制的に週1回、絶対に家族との時間、それも何ものにも邪魔されない時間を持つことを戒律としている。その時は、電話も、テレビも、仕事も駄目とされている。

ユダヤのノウハウ③ 自分がなぜ生まれてきたかを考える

言葉を変えて言うと、「自分が死んだあと残された人々が自分に対してどう言ってくれることを望むか」を考えることだ。

そうしないと、いくら働きずくめで働いても何のために働いているかがわからなくなり、結局不幸感が襲ってくることになる。

なぜこの世に生まれてきたのかを考えることは、人生の目標とは違う。

人生の目標とは、会社で出世することとか、起業して儲《もう》けることとか、いい大学に入るといった現実的な目的である。

しかし、「この世に生まれてきた理由とは何か」は別だ。この世に生まれてきた目的とは、まさに画家ゴーギャンの言う「私たちはどこから来て、どこに行こうとしているのか？」ということである。

職業とか学業とかとはまったく別のものだ。仮に失業しても、仮に恋人がいなくても、仮に身なりが貧しくても、この世に生まれた目的というものは、どんな人でもあるはずである。

この世に生まれてきた目的とは？

恐らくそれを問い続けること、それが幸福感につながるのではないか。

物を持つ幸せ、出世する幸せ、金を儲ける幸せ、学業を達成する幸せなどとはまったく別だ、ということぐらい考えればわかってくるはずである。

いい会社に入社することが、この世に自分が生まれてきた目的ではないはずだということくらいはすぐわかる。そのことを考え続ければ、今の恵まれない状況を不幸だなどと考えることはなくなる。

ユダヤのノウハウ④　この世に生まれてきた目的に一歩でも近づくための一歩一歩を毎日習慣として行う

ユダヤ教は、理念や理想をどう実現するかの具体論を戒律として持つ宗教である。それも瞑想《めいそう》や苦行とかではなく、日常生活の中でどう具体化するかを教え、実行することに重点を置く。

この一例にユダヤ教の戒律では「Mitzvot」（ミツボ）というものがある。

ミツボとは、身寄りのない高齢者の世話をするとか、病人を看病するとか、ホームレスに小銭を渡したり食事を提供するとか、さまざまな善行を行うことである。

ミツボを行うことが、自分がこの世に生まれてきた目的・実施の日常的具体化であるとユダヤ教では説く。もちろん最大の善行はトーラ（モーゼ五書＝ヘブライ聖書）の勉強である。

ユダヤのノウハウ⑤ ダイエットをすること

ダイエットといっても体重のダイエットではない。

感情のダイエット、魂のダイエットだ。

体重が重く太っていると身体に負担になる。それと同様に魂、感情、精神も、余計なものを乗せていると負担になる。負担感があると不幸感を持つ。つまり、幸福感はなくなる。

余計なものとは何か？

それは、自分にとって気持ちの上で負担と感じる感情である。

それは人によって違う。ある人にとっては、人前でしゃべることが負担になる人もいれば、人に憎しみを持ち続けていることが負担になる人もいる。

人を恨むことが負担になっていることもある。多くの場合、憎しみ、恨み、怒り、復讐心《ふくしゅうしん》、恥ずかしさ、緊張などの気持ちが負担になっていることが多い。

そういう負担を、体重のダイエットと同じように、減らすことが必要だ。

感情のダイエットこそ現代人に最も必要なダイエットだ。

これらの感情を減らす方法を教えよう。

方法① 許す

誰を許すのか?

自分だ。相手を許すことではない。自分を責める必要はない。自分をまず許すことだ。悔しかった自分を許すことだ。できなかった自分を許すことだ。「憎い相手を憎いと思う自分は悪くない」と自分を許すことだ。

方法② 忘れないことを当然と思う

いつまでもくよくよ、イライラ、この野郎と思うことがいけないと思う自分を許すことだ。いつまでも怒りを持つことがいけないと思うことがストレスになるから、それは当然だと思うことだ。こうしてはいけない、ああしてはいけないと思うのではなく、そう思っている自分を当然だと思うことだ。

ユダヤのノウハウ⑥　一カ所に留まらない

病気になった時に転地療法というやり方がある。気持ちのよい温泉にでも入りに場所を変えるというやつだ。同じように魂にも転地療法というのがある。感情、気分、魂、精神の転地療法とはどんなことか。

次のうちのどれかをやってみることだ。

①今までに読んだことがないジャンルの本を読む。
②新しい人と付き合う。
③まったく別の趣味を始めてみる。
④新しい分野の勉強を始める。たとえば、フランス語とか中国語とか、社会学とかどんなことでもよい。やったことのない勉強を始める。

⑤聞いたことのない音楽を聴いてみる。
⑥見たこともない絵画などの鑑賞をする。
⑦やったこともない儀式を体験してみる。たとえば、座禅、四国八十八ヶ所巡り、お茶、お花など。
⑧触れたことのない楽器を習ってみる。

いつも何かにチャレンジしている人は若々しい、というではないか。

ユダヤのノウハウ⑦　しゃべるよりも聞く

幸福感は「しゃべる」よりも「聞く」ことによりもたらされるというのがユダヤの教えである。

ユダヤ教の最も重要な祈りにあるフレーズ「Shema Yisrael」とは「聞け、ユダヤの民よ」という意味だ。ユダヤ教では人間に耳が二つあるのに口が一つしかないのは、よく聞くことが幸せをもたらすことだと言われているからである。

それはなぜか？
人の話をよく聞くことは、次のことにつながる。

（A）その人の存在を認めること
（B）その人に心を開いていること
（C）その人を尊重すること

逆にその人の話を聞かないことは、次のことにつながる。

（甲）その人の存在を無視すること
（乙）その人に心を閉ざしていること
（丙）その人を軽視していること

かたわらにいて自分に対して話をする人間を（A）（B）（C）で迎えるのか、（甲）（乙）（丙）という形で冷遇するのか、拒否するのか。どちらが自分にとって幸福感をもたらすかは明らかだ。

かたわらにいる人間の話はよく聞くということが幸福感につながる。

ユダヤ人の友人でパリで猛烈に働いている男がいた。パリでも何番目かという富豪であったが結局妻に離婚された。実名は言えないが、その友人は私に言った。

「彼女には欲しいというものは宝石からバッグまでどんな高価なものも買ってやった。地中海でもどこでも行けるクルーズ・ボートも買ってやった。旅行に行きたいと言えば、いつもファーストクラスに乗せてやった。何一つ不自由はさせていない。なぜなのか？」

筆者はあえてコメントは控えたが、彼は、妻に「財産」は与えたが、「心の交流」は与えなかった。ダイヤの指輪は財産である。夫が妻の話をよく聞いてやることは心の交流である。

結局、人は「財産」では幸福感を得ることはできない。話を聞いてくれる人がいること、つまり「心の交流」により幸福感を得るのだ。

ならば、かたわらにいる人に幸福感を与えようではないか。そうすれば自分も幸福感（人を幸せにしたという幸福感）を持てる。

ユダヤのノウハウ⑧ 魂をあらゆる騒音から遮断する1日を持つこと

スマートフォン、電子メール、メッセンジャー、電話、コピー、スキャン、グーグル、ウェブサイト、パワーポイント、ウェブ会議……と私たちはテクノロジーに振り回される日常を送っている。

筆者の若いころはそんなものは電話以外何もなかった。

それなのにその時の方が今よりも充実感があった。

すべてのテンポがゆったりとしていたからだ。

私たちはスマートフォンと電子メールに支配されている日常から、少なくとも週に一日は解放され、ゆっくりと「つれ合い」（妻または夫または同居者、友人など。つれ合いがいなければ犬や猫。犬や猫がいなければ〝神〟と、ゆったりと語り合う時間が必要だ。

なぜか？

幸福感とは、息と同じで「吸い込み」と「吐き出し」の両方がないと流れないからである。息をする時に「吸うだけをやれ」と言われたら死んでしまう。私たちは、私たち人間が生んだテクノロジーに振り回される日常を送っている。それは吸うことのみを強要されているようなものだ。どこかで吐く必要がある。

息を吐く。これをユダヤ教ではLiberate yourself（自分を解放せよ）という。自分自身をあらゆる締め付けからLiberate（解放）してやれ、とユダヤ教では教える。そうすれば、吸い込みと吐き出しがバランスし、それが幸福感につながると教えている。

ユダヤのノウハウ⑨　不運が襲ってきても、その不運を幸福感の持てる他のものに作り変えられるまで不運とバトルすること

どんな人間でも一生の間に不幸や不運に見舞われることが絶対にある。

交通事故に遭うかも知れない、目の病気で失明するかも知れない、滑って転んで下半身麻痺《まひ》に遭うかもしれない。不幸は予告なく襲ってくる。

その時に、どうそのことから幸福感につなげていくか?

ユダヤでは「Transform suffering」(苦しみを変換せよ)と教える。

ある夜、天使に襲われ朝まで格闘したという不運を味わったヤコブの話は、不運にどう立ち向かうかのユダヤ人の基本書になっている。

ヤコブは襲われても絶対に諦《あきら》めずに戦った。不幸を乗り越えるとか、耐えるとか、受け止めるというアプローチとは違う。苦難の犠牲者になることをまず絶対に拒否し、逆に不幸にがっぷり四つに取り組んでこれと戦い、希望の灯《あか》りを何か他のものに作り変えるまで戦い続ける。これこそがユダヤ人4000年の苦難の歴史から生み出された叡智《えいち》である。

三つだけ実例を言っておこう。

まず第一の実例はこうだ。

ユダヤ人はエジプトのファラオに奴隷として仕えた。そこから助け出されて今日に至っているのだ。昔はアメリカの黒人と同様に奴隷の苦難を味わった民族だ。

ユダヤ人が歴史上初めて自由・平等という思想をこの人類にもたらすことができたのだ。まさに奴隷の苦難から普遍的な思想を生み出すことができたのであった。苦難を光に作り変えた「トランスフォーム」の一つの実例である。

第二の実例はこうだ。

ユダヤ人は苦難の民族の歴史の中で他の民族から拉致《らち》され、ユダヤの子どもを虐殺される目に何度も遭っている。

一番最近ではホロコーストでユダヤ人の子どもたちが何十万人もナチス・ドイツにより殺された。このような苦難の歴史の中から私たちユダヤ人は「子どもこそユダヤの光である」という思想を生み出し、子どもを非常に大切にする宗教を生み出してきた。

その中から子どもに語り継ぐということの重要性を生み出してきた。

これがユダヤの子どもに対する家庭教育という形で実現してきたのである。こういうこともあって、ユダヤ人は非常に教育熱心な民族になり、また多くの学者、作家、音楽家、詩人、思想家を生み出してきた。
たとえば、最近ではアインシュタインやフロイト、カール・マルクス、ドラッカー、キッシンジャー、グリーンスパン、バーンスタイン、トーマス・マンなどである。

もう一つだけ実例を言っておこう。第三の実例だ。
ユダヤ人は中世では長い間ゲットーというじめじめした狭い地区に閉じ込められ、キリスト教の教皇から許された仕事は古物商と金融業だけであった。その他の事業や商売に従事することは許されなかった。

このようにして、**ゲットーに閉じ込められた長い苦難の歴史の中から、やむをえず金融業を始めてきたのである。それが現代になって、ユダヤ人が生み出した多くの金融業という形でウォールストリートやロンドンのシティに展開されている。**これもまさに苦難を光に創り変えた「トランスフォーム」のもう一つの実例である。

不幸の犠牲者になることを絶対に拒否し、不幸と戦い、戦い続けていれば必ずその中から新しい光が生み出されてくる、というユダヤの実例を三つ挙げた。

モーゼの偉大な言葉に「ウバハルタバ・ハイーム」というものがある。「生き抜くのだ。この生を　この命を」という意味だ。ユダヤの乾杯の言葉は「レ・ハイム」という。ハイムとはこの命、この人生、この生、今、生きているこの時、という意味だ。

読者の皆よ、苦難の犠牲者になってはならない。「トランスフォーム」していこうではないか。受け止める、乗り越える、耐えることではなく、それを別の光の見えるものに創り変えるまで戦い、苦難を組み伏していくのである。

何事を始めるにも
遅いということはない。
何事を始めるにも
歳などは関係ない。

ユダヤ人の挑戦主義

よく人は「もう歳だから」と常に言う。やれ「還暦だ」とか、やれ「古希《こき》だ」と。ユダヤ人に言わせれば、こうだ。

「何を馬鹿なことを言っているんだ」

アブラハムを見習え。

歳などは関係ない。

75歳になって神に命じられ、「すべての親戚《しんせき》付き合いを捨て、すべての財産を捨て、自分の住み慣れた土地を捨て、新しい土地に行け」と神に命じられて、身一つで妻のサラとともに、そして甥《おい》っ子のロットとともに、新しい事業すなわちユダヤ人文明の創設に着手したのである。

ここからユダヤ人は何を学ぶか。

それは次のことである。

何事を始めるにも遅いということはない。何事を始めるにも歳などは関係ない。

すべて「今」である。

今始めなければ何事も成し遂げられない。

死ぬ直前までその時、すなわち今がある。新しいことを始める「今」があるのだ。

この哲学がユダヤ人の何歳になっても勉強を欠かさない挑戦主義の基礎を形作っているのである。

性格は変えることは
できないが、性格に
影響を与える
外形的な事実は
自ら変えることができる。

ストレスに強いパーソナリティとは

センテナリアンと呼ばれる１００歳を超えた長寿者たちは、いずれもストレスに強いパーソナリティを持っている。

ストレスとは、神経症、怒り、恐怖、罪悪感、悲しみ、抑うつ、不安、敵意などだ。こういう感情はすべて身体のストレス・ホルモンを発生させ、免疫レベルを低下させる。

神経の興奮などをいかにコントロールするか。

問題は、パーソナリティをそのような神経症でないものに、生まれつきの人はいいが、そうではない人は変えることができるかということである。

心配性、悲観性、打たれ弱い。こういった性格はすべて免疫力を低下させる神経症的反応を生む。そこでこういった性格を自ら変えることができるか？

答えは否である。

ではどうすればよいのか？

それは外形的なものから変えていけばよいのである。

生活様式を変えることで強くしなやかに生きる

性格は変えることができないが、性格に影響を与える外形的な事実は自ら変えることができる。それは**生活様式**である。

たとえば寝付きが悪いとベッドの中でいろいろと不安なことを考えるとすると、どうすればよいのか?

寝付きがよくなるように昼間できるだけ活動する、朝早く起きる、昼間できるだけ運動をする、夕食を早く食べるなどのいろいろな方策がある。

それを生活様式に取り入れていくことだ。

心配事を相談する相手がいないとますます心配が増幅する。それで身体の免疫を低下させる。

ならば心配事を相談できる相手を作る。

そのためにはコミュニティ活動をする。

会社を退職した人は毎日のように顔を合わせるグループに入る。

次に1日のうち何回か瞑想《めいそう》の時間を取る。

瞑想は座禅でなくてもよい。何かに打ち込む精神の集中があればよい。

私たちユダヤ教では朝昼晩の3回の祈りだ。これが瞑想の役目を果たしている。

そして毎日シナゴーグ（ユダヤ教の礼拝堂）に行き、同じメンバーと顔を合わせる。

コミュニティ活動だ。


さてユダヤ教のようなコミュニティを持たない人はどうすればよいのか？

定年退職した後も毎日同じメンバーと顔を合わせるコミュニティ活動を見つけることはさほど難しくはないだろう。

会社や職場を離れた後が特に問題である。

早いうちから第二の人生を考えて、定年退職後も毎日活動できる場を作っておくことだ。

ユダヤ人は常にそういう活動の場を二つ、三つは持っている。

つまり、2足の草鞋《わらじ》、3足の草鞋である。

ユダヤ人が
質問攻めにするのは、
そうすることにより
真理が見えてくるから
である。

なぜ多様性に対して寛容な国が覇権国になるのか？

エリザベス女王は1991年5月、父ブッシュ大統領の時にイギリス君主として初めて米国連邦議会で演説した。その中で同女王は米国とイギリスは「豊富な民族的、文化的多様性を国内に有する」という利点を備えていると言った。

では、なぜ多様性を有する国家が覇権国家になりえるのか？

単一民族国家はなぜ覇権国家となりえないのか？

エリザベス女王は、**一番大切なことは「人種的・文化的寛容性」である**と演説を締めくくった。人種的・文化的寛容性は「自由」を前提とする。もっとハッキリ言うと「平等」よりも「自由」により大きな価値を認めるという国でないと、人種的・文化的寛容性は生まれない。

必ずある国にはマジョリティとマイノリティがいるわけだから、「平等」を主張すると、マジョリティの人が一票の「平等」の民主主義では数の上でマイノリティを圧迫して追いやってしまう。往々にして、無能なマジョリティが有能なマイノリティを抑圧することとなる。そうすれば国家は永続的には繁栄しない。

なぜマジョリティは無能になりやすいか？

答えは簡単だ。マジョリティは自分たちに都合よく国家システムを組み立てられるために、居心地がいいので努力も勉強もしなくなるからだ。**常に努力も勉強もしないマジョリティから圧迫されるマイノリティは、努力と勉強に励むから優秀な人物を輩出する。これが国家繁栄の有望な人材になる。**したがって、国内にマイノリティを一定割合抱えていない国は優秀な人材を欠くことになる。

マイノリティの代表格はユダヤ人だ。ユダヤ人が1000人いれば1人のノーベル賞級の人材が生まれるといわれる。アメリカには少なくとも500万人から700万人のユダヤ人がいる。したがってアメリカは少なくとも5000人のノーベル賞級の人材を有するということになる。

ユダヤ人は質問攻めにする国民である。

なぜか。そうすることにより真理が見えてくるからである。しかも簡単にだ。

これに対し非ユダヤ人は質問しない。そうすると真理や真実は、何によって発見されるのか？

○○教授が言っているから間違いない、お役所が言っているから間違いない、となる。したがって、そういう人にあることを信用させるには権威筋を担ぎ出すことだ。

これに対しユダヤ人は神という最高権威も疑っているから、世俗の権威筋は通用しない。質問を受けつける人か、質問に答える人かどうかがまず信用の第一歩だ。

だからヘブライ聖書では神さえも人間と議論する。

質問を受けつけない人はまったく相手にされない。

たとえばユダヤ人なら、自分が手術を受ける時に外科医に執刀経験、執刀数、事故数、発表論文の内容、数、時期、術中の死亡率、成功率などを尋ねて質問攻めにする。

ユダヤ人の医者も心得たもので、あらかじめ質問されるようなことは紙に書いてプリントしてあるか、ウェブで公表している。

言葉とはすなわち
発言であり、
発言こそが思考を
発育させる。

発言しない者の頭脳は停止している

ユダヤでは宇宙創造のまず最初に神の言葉があった。「神は言葉で宇宙を創造された」とヘブライ聖書に書かれてある。言葉が宇宙を創造した。

いかに言葉が重要であるかはユダヤ民族が一番よく知るところである。**言葉はすなわち発言である。発言が思考を発育させる。発言なきところに思考の探求はない。発言しない者の頭脳は停止している。**だからユダヤでは常にしゃべる。しゃべってしゃべってしゃべってしゃべりまくる。

また、常に立ったり座ったりする。それがユダヤの学びの姿勢である。そして声を出して本を読む。本を読む時も身体を小刻みに震わせたりする。

すなわち、あらゆる五感を使い思考に集中する。声を出す、身体を動かす、グルグル歩き回る。無論本を読む姿勢はそのままである。一方的に教師のしゃべるのを聞いていると、私の経験では、頭脳活動が停止して眠くなる。

忘れてはならない。
私たち人間は
神からすべてを
借金しているのだ。

神は最も寛大な債権者である

かつてEUでは、ギリシャやスペインの借金が大問題になった。これらの国々が莫大な借金をしたからである。

借金をするということは金を借りたということだから金を貸した人がいる。金を貸した人が金を返せと言っているから問題になっているのだ。返す金がないから国が倒産するという話だ。

私たち人間は神からすべてを借金していると言ってよい。

まず、一番大きな借金はこの地球である。そして食べ物である。吸っている空気である。これらはすべて神が与えてくれたものであり、神からの借り物である。

神は人間にすべてを貸し与えておられる。ところが、その担保として実は私たち人間が眠っている間には魂を一時神に取り上げられていると考える。それがユダヤ人の考え方である。

私たちは神からの借金の担保として毎晩眠っている間に、魂を神への担保として神に一時お返ししているのである。だからユダヤ人はベッドから起き上がった直後、歯を磨く前にベッドのそばで次のような祈りを捧《ささ》げる。

「神様、今日も朝目覚めさせていただき、ありがとうございました。私の身体にまた魂を戻していただき感謝いたします」

これがユダヤ人の起床時の祈りである。

私たちユダヤ人は眠っている間には魂が神の元に一時帰っていると考える。神はこの地球上で最も優しい債権者、寛大な債権者であるから、その担保として取り上げた魂を毎朝私たち人間に返してくださるのである。

確かに私たち人間は永遠に眠ることを死という。そして朝目が覚めると「ああ、今日も生きていてよかった」と思う時がある。それは神がこの肉体に魂をお返しになったその瞬間の喜びを謳《うた》う祈りである。

何を持っているか
ではなく、「どのような
人間であるべきか」が
重要だ。

「他人との比較」から幸福は生まれない

精神分析学者エーリッヒ・フロムは**「人間はしばしばどうあるべきかよりも何を持っているかに心を奪われ心の病になる」**と言っている。

現代人は常にWhat you have（何を所有しているか）に心を奪われ、その結果、多くの先進国は異常な自殺率に悩まされている。

現代人は「家を持ちたい」「マンションを持ちたい」「うまいものを食いたい」「ヴィトンのバッグを持ちたい」「いい会社に就職しているという状態を持ちたい」「いい大学の学生になったという状態を持ちたい」「派遣ではなく正社員の地位を持ちたい」「よい家庭を持ちたい」……。

「持ちたいだらけ」である。

ユダヤ人の場合は、4000年の民族の歴史の中で、この「持ちたい」ということはユダヤ人虐待のため許されなかった。したがって、「○○を持ちたい」ではなく

「私はどのような人間であるべきか」、つまり「What you are＝あなたは何者か」「Who I am＝私は誰か」を追求してきた。

ヘブライ聖書にはその答えが書かれている。ユダヤ人はよきユダヤ人になることのみを考えてきた。「よきユダヤ人であること」。これがユダヤ人にとっての「What you are」「Who I am」の答えであり、よきユダヤ人とは、次の三つの習慣を欠かさない人物である。

習慣①ヘブライ聖書の勉強を毎日欠かさない
習慣②祈りを毎日欠かさない
習慣③ヘブライ聖書にある戒律を守る

したがって、「What you have＝何を所有しているか」は何一つ問われないし、問わない。

人よりも「何かを多く持つこと」は幸せなのか？

ユダヤ人にとって貧しいことはまったく問題にならないし、大金持ちであることも何の意味もない。家族はあった方がよいが、なくてもまったく問題にならないし、持ち家に住もうが路上生活をしていようがまったく関係ない。

重要なことは前述した習慣①②③である。

だから、「何かを持つこと＝幸福」の定義を持たない。何かを持たないことが不幸だとは思わない。ユダヤ人にとっての不幸は、①②③ができないことである。

ユダヤでは、子どもに、

「ユダヤ人の目はなぜ黒いか知っている？」

と聞く。子どもが「知らない」と答えると、母親は、

「他の人がみんな自分より明るい所に住んでいても不幸だと思わないためよ」と教える。

今の日本人に「よき日本人とはどんな日本人ですか？」と聞いても、誰一人として即答はできないだろう。当たり前である。そんなことを考えたことも教えられたこともないからだ。そんなことを考えないで、

「藤井聡太が最年少七段になった。すごい」

「あそこのラーメン屋はうまい」

「ミシュランの三ツ星レストランの予約が取れた」

「ボジョレー・ヌーボーが待ち遠しい」

「楽天が日本一になった」


ということのみに目を奪われ、心を奪われている。

常に「勝ち組・負け組」「品格がある・品がない」「草食男・肉食男」「下流・上流」などといった二分類法で、他人との比較のみしか頭になくなる。

この特性を知り抜いている外国人は、このことを逆手にとり金儲けをしようとし、大成功する。

◎フランスではボジョレー・ヌーボーを飲むのが普通だと思い込ませ、大量のフランスワインを輸入させる。
◎バレンタイン・デーではもらったチョコの数が多い方がモテる男だと思い込ませ大量のチョコレートを買わせる。
◎ヴィトンの最新のバッグを持っていないと遅れていると思い込ませ大量のヴィトンを買わせる。

すべて「他人との比較」という尺度しか持たない現代人をうまく操作して「持たざる」不幸感を煽《あお》るというやり方の商売だ。

「他人との比較」が尺度にないユダヤ流幸福論

ユダヤ人にはこんな手口は通用しない。

なぜなら、ユダヤ人の幸福の定義は「他人との比較」においてどうこうということ

ではないからだ。あくまで自分が①②③をやっているかどうかだけだからだ。**絶対的創造主と自分という尺度しか存在しない。他人と自分の比較は何の尺度でもない。創造主と自分の関係しかユダヤ人には存在しない。**①②③を続けるためには、何も持つ必要がない。ボジョレー・ヌーボーもバレンタインのチョコも、ヴィトンのバッグも一切いらない。そんなものに惑わされない状態こそユダヤ人にとっての幸福なのである。ヘブライ聖書がそう教えている。

金銀宝石をユダヤ人はエジプトから脱出した時にたくさん持っていた。それを集めて黄金の牛の像を作って、美しい、すごいと騒ぎ立てた。神は物質欲、拝金主義を怒られ、すべてを破壊され、そんなユダヤ人を殺してしまうと怒られた。

ユダヤ人は、この話を一生のうち何度も読む。ユダヤ民族以外にこんな教育があるだろうか？

それどころか逆に「金が儲かりますように」と神社に柏手を打ってお参りする。はては「受験に合格するために」神社詣でする。

金儲けや受験など、これらすべて他人との比較である。自分が合格することは他人が不合格になることだ。自分が金儲けをすることは他人が金を失うことだ。

一方、ユダヤの習慣①②③は他人の犠牲のうえにあるものではない。他人の犠牲のうえに自分が幸せになることを神仏に祈ることはない。

だから、犠牲者が自殺を選ぶような環境になってしまっている。

ユダヤでは自分の幸せは自分の犠牲のうえにのみ成り立つ。

自分の犠牲とは、うまいものを食べたい欲望の犠牲のうえに食事戒律を守る、遊びたい欲望の犠牲のうえにヘブライ聖書を勉強する、儲けを独占したい欲望を犠牲にして多額の寄附をするといった行為だ。

したがって、自殺を選ぶような環境にはならない。

多くの先進国は誤った幸福の追求のために人を犠牲にしている。

単調で
規則正しい生活こそが、
イノベーションを生む。

ユダヤからイノベーション・カンパニーが生まれ続ける理由

マイクロソフト、アップル、インテル、グーグル、フェイスブック、ネットフリックス……など、ＩＴ系の革新的な巨大企業の創業者やＣＥＯはみなユダヤ人であるといっても過言ではない。

戒律でがんじがらめの生活と毎日の繰り返しの宗教行為から、なぜ次から次へとイノベーションが生まれるのか？

モーゼ五書の最後の箇所がある。モーゼはイスラエルの民に向かってこのように言う。

「私はあなた方イスラエルの民を40年間の砂漠の放浪の旅に引き入れた。その40年間というものは食べるものもワインもなく、着るものもなく、履くものもなく砂漠をさまよった。そしてこの地にたどり着いた。しかし、私は奴隷であったあなた方をエジプトから救い出したのだ。
覚えておくがよい。このトーラ（モーゼ五書）に書かれている戒律を決してたがうようなことがあってはならない。戒律は守らなくてはならない。戒律を守らない者は神により死に処せられることになる」

イスラエルの民は1日3回お祈りを繰り返し、そして戒律でがんじがらめの生活をモーゼの口から神の伝言として要求される。

その単調な、そして決して楽とはいえない戒律の遵守という生活の中から実は革新的なイノベーションが生まれるのである。これは一見矛盾とも思われるが、しかし事実がそうなのである。世界史上の革新的な思想家の多くはユダヤ人である。

アメリカのエリート教育、イギリスのエリート教育を行うボーディング・スクール（全寮制の寄宿学校）、小中学校も厳しい戒律の遵守を要求する。規則である。校則である。その卒業生から多くのイノベーションが生まれている。

これは単調な繰り返し、戒律の遵守、規則の遵守こそがイノベーションすなわち革新の芽を育てるという不思議な現象を現している。

老人も病人も
特別扱いしない。
支えてもらうのは
神だけでよい。

ユダヤ人が死ぬ瞬間まで元気でいられる理由

ユダヤ教は老人を特別扱いにしない。

私がしょっちゅう顔を出すニューヨークのシナゴーグで知り合った友人のブライアンが亡くなった。白血病で入退院を繰り返していたが、退院するたびにシナゴーグにはきちんと顔を出していた。

シナゴーグでも、だからといってまったく特別扱いはしなかった。ブライアンも結構歳ではあったが、その上白血病の病魔に襲われて血液交換をしなければ立ち上がれないほどだった。

それでも這《は》いつくばるようにシナゴーグに来ていたが、シナゴーグでは彼を特別扱いにはしなかった。そして、必ず順番が来れば「Bimah」という祈祷台《きとうだい》に上がらせてトーラ（ユダヤ教の聖書における最初の「モーゼ五書」）を読ませていた。

祈祷台に上がるのも大変であった。声を出して「Baruch adonoi hamvorach l'olam va-ed」と言わなくてはいけないのだが、それも大変であった。

しかし、ユダヤ教はだからといって彼を特別扱いはしない。

私がよく行くスウェーデンのシナゴーグでも私の友人のトニー爺《じい》さんがいる。道路を歩いていて転倒し、骨折して入院し、普通の人ならそのまま寝たきり、そして死亡というコースだが、彼にはとにかくシナゴーグに行かなければいけないという宗教的な絶対的な義務がある。ユダヤ人の死ぬまでの義務である。だから何とかしてリハビリをこなし（といっても80歳過ぎてのリハビリだから大変だったのだが）、杖を突いて歩けるようになり、シナゴーグに出てきた。

ところがユダヤ教は老人を特別扱いしないので、そんな彼をまた祈祷台の上に引っ張り出し、トーラの一説を読ませる。

祈祷台に上がるのも大変だが、抱えられて上がって行く。そしてか細い声で「Baruch adonoi hamvorach l'olam va-ed」と言う。

このようにユダヤ教は老人、病人を大切にはしない。というと語弊があるので言い添えておくが、**要はその人の健康状態や年齢がいかようであっても、一人の神の子としてすべて平等に宗教上の扱いを課される。というか、自ら進んでそうしたいのである。**

これがユダヤ人が死ぬ瞬間まで元気でいられる理由の一つになっている。

宗教上の義務、あるいは宗教上の意欲を持つ人でないと、何か事故があったり病気になったりすると、そのまま寝たきり、死亡という経過をたどる人が多い。

しかしユダヤ人は何が何でもシナゴーグに通う、毎日通うという宗教上の絶対的な義務感があるので、絶対に復帰しようという意欲が強い。

これが病魔を乗り越えたり、骨折を乗り越えたりする老人が圧倒的に多い理由の一つである。

「死ぬまで現役」でいるための心構え

そもそもユダヤ人はサラリーマンが少ない。職人が多いのである。帽子職人や洋服職人、レストラン・オーナーなどが多い。だからもともと定年はない。

そこにもってきて、この宗教上の義務が病気や事故から寝たきりになることを防いでくれているのである。そして毎日シナゴーグに行かなければならないという義務があるために、健康には人一倍気を使っている。

夜ふかしもしないし、大酒を飲んだりするわけがない。朝は暗いうちからシナゴーグに来るために夜ベッドに入るのも早い。こういうこともあってユダヤ人は健康で長生きという恩恵を神から与えられているのであろう。

むしろ逆に言うと、ユダヤ人の老人たちは「年寄りだからと特別扱いしおって」と言って怒るのである。ユダヤ人の病人たちは「病人だからと言って特別扱いしおって」と逆に怒るのである。

つまり特別扱いされることを非常に嫌う。

いつも通り、健康な時のように平等に扱ってくれ。

支えてもらうのは神からだけでよい。

こういう気持ちが強いのである。

何かと還暦だとか喜寿だとか卒寿だとか歳を気にし過ぎて、老人を後期高齢者と称して特別扱いにすることは、老人を大切にしているように見えて実は大切にしていない。

老人は死ぬ瞬間まで現役でありたいのだ。

定年制というのは逆に歳を押し付ける風習である。

そして何かと言うとすぐに歳を聞く。

何かというと歳相応を押し付けることはユダヤ社会にはない。

老人を「後期高齢者」として押し込めようとする力が非常に強い社会はユダヤ的ではない。

効率よく仕事をするためには、時間はたっぷりない方がいい。

新聞記者からの問い合わせに対する回答

ある新聞社の記者からの下記のような問い合わせに対し、石角完爾が回答した。

冠省　突然で申し訳ございません。

著書を大変おもしろく読まさせていただきました。最初はタイトルから健康本かと思っておりましたが、単なる健康指南の枠をはるかに超え、ユダヤ人の方々の息遣いや歴史、暮らしぶりが伝わってまいりました。特に「心の健康法」のくだりにあるジョーク集などは、うまい具合に納得できました。

ぜひ、本の紹介の形で取り上げさせてもらいたく思っております。そこで、1点だけ質問があります。

「仕事が趣味」と公言していた石角さんが、安息日に何もしないことに戸惑いはなかったのか？　強制的なリセットで平日の仕事ははかどるようになったのか？　です。

お忙しいと思いましたので、この1点だけ、ぜひ数行で結構ですから、感想をお聞かせください。残りは、本の記述を参考にさせていただき、記事にしたいと思っております。

《石角完爾の回答》

安息日だけではなく1日3回の祈り、特に朝の祈りは早朝7時半から8時15分まで多くのユダヤ人たちがシナゴーグに通って来る。そして昼も1時15分から30分ほどまたシナゴーグに通って来る。

安息日である金曜日の日没から土曜日の夜までは一切の仕事はしないのみならず、パソコンやスマホにも触れない。仕事の書類も読まないし、仕事の話もしないし、もちろんゴルフに行くようなことはありえない。安息日は移動が禁止されているからだ。

そして日曜日はシナゴーグでヘブライ聖書の勉強会がある。

水曜日の夜にはタルムードの勉強会がある。

となると、ユダヤ人はいったいいつ仕事をしているのか？

たとえば大学教授のユダヤ人ならば、いつ研究をするのか、論文を書けるのか？

私はユダヤ人になってむしろ逆にユダヤ人としてのこういった儀式と行事が非常に忙しくある、つまり仕事ができない時間が増えることにより、逆にそれ以外の時間でいかに効率よく仕事をするかということを考え、実行するようになった。

結果として、今までの1・5倍ぐらいの仕事ができるようになったうえ、成果も1・5倍ぐらい上がるようになった。

いかに効率よく仕事をするかということは、いかに時間をかけて仕事をするかということではないということがユダヤ人になって初めてわかった。つまり「効率よく仕事をするためには時間がたっぷりない方がいい」というのが逆説的な真理である。

そしてもう一つわかったことがある。

たっぷり時間をかけられるとなると、かえってよい仕事ができない、成果が上がらない。

それよりもたっぷり時間がかけられない、時間が限られている、時間がたっぷりないという状態の方がよい仕事ができる、内容のある仕事ができる、成果が上がるということもユダヤ人になってわかった。

これは身体の健康にもまったく同様のことが当てはまる。たっぷり食べられるとなるとかえって健康に悪い。たっぷり食べられない、うまいものが食べられない、食べたいものが食べられないとなるとかえって身体は健康になっていく。

仕事も身体も制限された状況の中の方がよいものが生まれ、より健康的になる。

これがユダヤ人になってわかったことである。

週に1日のデジタル・デトックスで創造性を発露させよ。

安息日の効用

最近、フェイスブックやグーグルや電子メールやらソーシャル・ネットワークやら、社内の不要不急の電子メール、責任逃れの「CC」や「BCC」などからどうしたら逃れるかということが話題になっている。これを**デジタル・デトックス**というらしい。

ユダヤ人からすれば今さら何を言っているんだ、4000年遅れているという感じだ。

ユダヤ人はもともと安息日の1日はもとよりデジタル・デトックスなのだ。

安息日には一切電気に触れてはいけない、一切電気を使ってはいけないとなっているからだ。

これを4000年やってきたからユダヤ人は今でも創造的な民族なのだ。

創造性が欠如した民族になるには、デジタル・デトックスをしないばかりか、週末の1日も付き合いゴルフ、接待ゴルフなどに行くことである。

「ゴルフ場で仕事の話をし、仕事場でゴルフの話をする」ようになるとイノベーションは失われていく。

不得意だがそれを
あえてするという
「意志」にこそ
本物の価値がある。

『守らなければいけない』と意識することの大切さ

無意識で習慣的にシナゴーグに行く人と、嫌々シナゴーグに行く人と、喜んで行く人と、行かなくてはいけないと思いながら行かない人、この4種類の人間の中でどれが最もユダヤ的か。

①あるビジネスパーソンが「たまには朝の祈りの礼拝に参加してみてはどうですか?」と言われたが、「いや、行かなくてはいけないと思いながらも毎晩夜遅くまで仕事をしているのでなかなか起きられないのです」と答えた。

②多くの朝の祈りの出席者は眠い目をこすりながら、毎朝シナゴーグに駆けつける。

③そのうち何人かの人は朝の祈りのためにシナゴーグに駆けつけることが楽しくて仕方がない、朝も早く目が覚めるという人もいる。

④まったくシナゴーグに行かないというユダヤ人もいる。「しかし信仰心だけは他の

ユダヤ人に負けない」と言うのだ。


さて、この4種類の人間の中で最もユダヤ的なものは誰か？

答えは**②の「シナゴーグに眠い目をこすりながら行くユダヤ人」**だ。

まず、習慣として無意識にシナゴーグに行くユダヤ人は「行かなければいけない」という意識を失っている。喜んで行くユダヤ人もすでにその意識を失っている。

これに対して眠い目をこすりながら嫌々行くユダヤ人は「行かなければいけない」という意志があり、なおかつ行動に移している。

ユダヤ教の法が「守らなければいけない」という意識とともに、「守る」という行動に移すことが最もユダヤ人的であるとされる理由は、**「守らなければいけない」という意識を持つことが法の存在を意識する最も重要な瞬間**であるからである。

第2章

激動の時代を生き抜くヒント

心を病むと
身体が悪くなる。
しかし金がないと
両方悪くなる。

空の財布ほど重いものはない

よく「金は天下の回りもの」という。

その意味は、今は貧乏でもいずれ自分にも金が回ってくるという意味だ。

金に対する期待を表している。

しかしその一方で、世間では金を軽蔑することわざが多い。「金と痰《たん》はたまるほど汚い」とか、「地獄の沙汰《さた》も金次第」といい、金は地獄で使うもののように言う。あるいは金が正義を曲げるもののようにもいう。

そして金は人間関係を害するようにもいう。

「金を貸すと友を失う」「金の貸し借り不和のもと」といった具合だ。

ユダヤ人はお金を軽蔑しない

ユダヤ人は金に対する執着を他人事のように考えたり、運命的な淡い期待を持ったり、あきらめたりはしない。

まして軽蔑は絶対にしない。ユダヤ人は現実主義者だ。金の大切さをユダヤ人は教え切れないほどの格言で教える。

ユダヤ人は**「いっぱい金の詰まった財布ほど軽いものはない。空の財布ほど重いものはない」**というほど、金にはこだわりがある。

「金という石鹸で洗えば、どんなものでもきれいになる」ともいう。

ユダヤ人は金を軽蔑しない。

「心の平穏は財布次第だ」ともユダヤ人の聖典タルムードは言い切っている。

「心を病むと身体が悪くなる。しかし金がないと両方悪くなる」とも言う。心身とも健全でいるためにはある程度の金がいる、というのである。

「金はあり過ぎると取られないかと人間は獣のように警戒心が強くなるが、金がまったくないとなりふり構わない本当の獣になる」

だからユダヤ人は金を蓄える方法を聖典で教えている。

「夏の暑いときにこそ冬のストーブの燃料代を蓄えよ」とか**「明日やる仕事を今日やり、今日買う物を明日にすれば金は貯まる」**とか**「金を蓄えるには3つの方法がある。倹約、節約、勤勉」**と、ユダヤ人は言う。

ユダヤ人が裕福である単純な理由

そんなユダヤ人の蓄財主義の教えがなくても、ユダヤ人は自然と金が貯まるようになっている。

なぜか。

「ヘブライ聖書の戒律に従えば、金を使う暇がないほど忙しい」からだ。

月曜日から木曜日は毎朝シナゴーグで約30分ほどお祈りをする。シナゴーグへ行くのに30分はかかる。朝7時30分ぐらいが普通。そして8時には仕事場に入る。おまけに1日3回はお祈りを欠かさない。

金曜日の日没から土曜日の夜までの安息日は金を一切使えない。金に触れてはいけないからだ。絶対的な戒律でそう決まっている。

他の人が遊ぶ日曜日はユダヤ人にとっては仕事日だ。おまけに人と食事するために外食することもない。なぜなら、ユダヤ人以外の作ったものは口にできないからだ。それに口にしてはいけない禁止食物が外食ではまず出るからだ。

私も親しいユダヤ人を食事に招いたことがある。ユダヤ人は基本的に外食はしないので、完全な菜食のみの弁当を用意したが、一口も食べずに水だけ飲んでいた。人がついつい金を使うことになる酒も、戒律を守ると外では飲めないから「ちょっと一杯どうですか」とはいかない。

ユダヤ教の戒律を守れば守るほど金を使わない。

飲み食いのために出歩かないから、金は貯まるいっぽうなのだ。

そのためユダヤ人は金の亡者のように言われるが、**ユダヤ人はただ戒律を守っているだけなのだ。戒律を守ることがすべてであり、金はその結果貯まっていくにすぎない。**金を貯めるために戒律を守っているのではない。戒律は金を貯めるためにあるのではない。

世間の商習慣では信用のおける人には掛け売りをする。

「あなたのことを信用していますから後払いで結構です」となる。

一方、ユダヤ人では、「あなたのことを信用しているから現金払いにしてくれ」と言う。信用している人から一番信用できる現金をもらうのは論理的に正しい。信用している人から信用できない後払いを受けるのは論理的ではないのだ。現金をたっぷり持っている人からは全額即金でもらわないと、キャッシュフローが苦しくなるから、お金のない人に掛け売りの後払いという援助を与えられない、ということだ。

いかにもユダヤ人の合理主義だ。

ここがユダヤ人のビジネス論理の真骨頂となる。

海の幸を得るには
しっかりと足を
踏ん張り
丈夫な船に乗らなければ
いけない。

黄金律をわきまえれば、人生はいくら楽しんでも失敗することはない

「海の幸」とは、ここでは富・快楽・名声・セックスなどこの世の楽しみのすべてを言っている。ユダヤ教は、現世をいかに楽しむかを求める宗教であるから、人生の楽しみに溺《おぼ》れないようにすることを常に教えている。この世の楽しみに溺れ、過度に走ることがないようにするには、日頃からよほどしっかりと自分の足を踏ん張り、船も丈夫なものに乗らなければならない。

足を踏ん張る基盤は何か。丈夫な船とは何か。

ユダヤ教では、それがヘブライ聖書であり、タルムードである。

逆にいえば、ヘブライ聖書とタルムードが頭の中にしっかりとあれば、人生はいくら楽しんでも失敗することはない、というのがユダヤ人の教えである。また、同時にユダヤ教では現世の快楽に近づき、それを入手し楽しむことを忌避しない。ラバイ（宗教的指導者）は、まず妻帯しているし、結構お金儲けについても興味を持ってい

る。

ラバイと金についてのユダヤ人の小話を一つ。

ある時、その村の村長が亡くなった。人々はその葬式の会葬に次々に訪れた。キリスト教の牧師もきた。参列者は全員お棺の中に天国で使うためのお金を置いていった。どういうわけかユダヤ教のラバイはなかなか来なかった。そして、やっと最後になって現れ、皆の衆に大きな声でこう言った。「私は、今この棺の中に入っているすべてのお金の総額と同じ金額を一人で入れて行きます」と言ったので、皆の衆は「さすがユダヤ人のラバイは偉い。お金の使い方を知っている。ユダヤ人のラバイはこんな時に大金を使うのか」と大変に褒め称《たた》えた。

ラバイは棺に近づいてすべての金額を数え、その3倍の金額の小切手を書いてその小切手をお棺に入れ、おつりとして棺に入っている現金をすべて持って帰ってしまった。

もう一つユダヤ人の小話を。

ラバイの説教は聞く人の頭に入らないからためにならない。しかし小話は面白いので頭によく入る、だけど、ためにはならない。説教よりも小話よりも、ラバイがお金を配った方が一番ためになるうえ一番面白い。

もう一つユダヤ人の小話をして、締めくくろう。

人にお金を施すときは、全員に配った方がよい。もらった人が恵んでもらったという惨めな気持ちにならないですむからだ。

しかし、どうしても一人の人にお金を恵むときは、むしろその人にお金を貸す形をとった方がよい。貸し借りは対等だから、借りた方が惨めにならないですむ。その代わり利息をつけたら取り立てはしてはならない。返せる時に返してもらうようにせよ。

おまけにもう一つ。

金は、あるにこしたことはない。清貧という言葉は歌や詩や文学の中では響きはよいが、実生活では苦痛である。人生に苦痛があると幸せではない。

こう書いてくるとユダヤ人は金の亡者のように思われる。しかし、そうではない。金はほどほどにある方がよいと言っているのだ。

「大金持ちには相続人はいても子どもはいない」とはユダヤ人の金言。

「何事もほどほどがよい」と、ユダヤ教では教えている。

ユダヤ人は
最小のリスクで
「最適な成果」を
生む方法を頭の中で
必死に考えている。

ユダヤと損切りの思想

いかなる事業でも損が生じた時にどの段階で撤退するのかという判断は非常に難しい。「まだまだいける」と人間は考えがちである。特に儲かっている時に将来を見越して撤退するというのは非常に難しい。

多くの企業でよくありがちなのは、撤退の意思決定が、総意ないし合意に基づいてなされるという組織運営をしているため、遅れがちになる。

一方、ユダヤでは家庭教育においてすら、損を最小化させ、儲けをそこそこに留めて手控える、早くに手仕舞いするという思想を子どもに教え込む。「そろそろ撤退した方がいいのかな」と最初に思った時が撤退のチャンスである。

人々が「まだまだ上がる」「もっと大儲けができる」と思っている時に手仕舞いすることにより、大やけどを防ぐことを子どもにどのようにして教えるのか。損が出た時にわずかな損失で撤収することを、どのような小話でユダヤでは子どもたちに教えているのであろうか。

一つの小話は「たらふく食べたキツネは柵《さく》を出られない」というものだ。この小話は、わずかな利益で撤退することを教えている。

よく世間でも「毒を食らわば皿まで」「肉を切らせて骨を砕く」と言う。これに対しユダヤでは、ほどほどのところで撤収することを教えている。

ユダヤの格言は示唆に富む。それはユダヤの格言が小話になっていて、いろいろなメッセージを伝えているからである。

ある日、キツネが葡萄畑《ぶどうばたけ》のそばを通りかかった。あまりにも美味《おい》しそうな葡萄が垂れ下がっているので入って取ろうとしたが、葡萄畑は柵に囲まれていて太ったキツネはその隙間《すきま》を通れない。そこでキツネは考えた。

「よし、それなら、何日も野兎《のうさぎ》を捕まえるのをやめて空腹を我慢すれば痩《や》せて柵の間を通れるようになるな」

そこでキツネは自分のキツネ穴の中で何日間も狩りに出ずに空腹をじっと我慢して、やっと柵の隙間を通れるぐらいに痩せてきたのでフラフラになりながら巣穴から出て、葡萄畑の柵をすり抜けて、お目当ての葡萄にありついた。あまりにうまいのでついつい夢中になって何房も食べ、もうこれ以上胃に入らないところまで葡萄を食べ続けた。そしてなっていた葡萄は全部食べ尽くした。

ハッと我に返ったキツネは、自分の腹があまりにもパンパンに膨れ上がってしまって、柵を通り抜けて自分の巣穴に戻れなくなってしまった。そこでキツネは考えた。2つの選択肢があると。

選択肢A＝食べた葡萄を苦しいけれども全部吐き出して胃袋を元のペシャンコに戻す

選択肢B＝猟師に見つかる危険を冒して葡萄の木の間に身を隠して柵の中に留まって、入った時と同じように痩せるまで待つ

さて、あなたはどちらを取るか？　ユダヤ人ならどうか？

これは私の予想だが、多くの人は80％の人が選択肢Bを取るのではないだろうか。

さて読者のあなたはどちらか。

ユダヤの民は「最小リスクの最小成果」を選ぶ

日本人は「伸《の》るか反《そ》るか」「一《いち》か八《ばち》か」という言葉が好きだ。猟師に見つかるか見つからないか。一か八か。

危険な賭《か》けに出ることは度胸があるなんて考えがちだ。Aだと猟師に見つかるリスクはないかわりに得るものもないことになる。それでは何のために巣穴で我慢して痩せるまで待ったかわからないとなる。

さて、ユダヤ人ならAを取るかBを取るか、どちらだろうか。私はユダヤ人だが、恐らく他のユダヤ人も、AもBも取らないと思う。それでは葡萄を最初から諦めるのか、というとそうではない。

ユダヤ人は恐らくAもBも採用しないだろう。AかBかと聞かれても、CかDと答えるであろう。全部吐き出したのでは何日も空腹を我慢したのにかかわらずまったく成果を失うし、柵の中に留まるのは命がけでリスクが大き過ぎると考えるのである。

ユダヤ人は行動に移る前にリスク分析をする。リスク・コントロールがユダヤ人の

習性なのだ。**リスクと成果が均衡する点を探すことをリスク・コントロールと言う。**

大多数のユダヤ人は「最小リスクの最小成果」を選ぶ。ユダヤ人は1回のチャレンジではわずかな成果でよいので、リスクが少ない方がよいと考えるのである。少しずつの成果を積み重ねていく。チャレンジの機会は必ずまた巡ってくる。また次のチャンスを待つのである。

これを繰り返せば成果は大きくなっていく。これがユダヤ的やり方だ。それは聖書を年1回毎週54分の1ずつ読んでいくことからきた民族性なのだ。

ほとんどのユダヤ人は「最小リスクの最小成果」を選び、胃袋が満杯になるまでは食べないで我慢する。そうすれば柵の外にはいつでも出られる。

しかし、一部のユダヤ人は最小リスクの最適成果（最大成果ではない）を生む方法を頭の中で必死に考える。キツネの例で言えば、たとえば自分では柵の中に入らないで他の小動物に取ってきてくれるように頼むというやり方だ。

その代わり自分の獲物を分け与える。

ビジネスでいえば、自分で柵の中に入るやり方は、**内製化主義**であろう。他の動物に頼むというやり方は、**サブコントラクト**ということになる。儲けは少ないが、繰り返せば大きな成果につながり、リスクも小さい。前者（たらふくは食べない）は**リスク・コントロール**、後者（サブコントラクト）は**リスク分散**という方法だ。

リスク・コントロールとリスク分散はユダヤ人の習性というより、民族の聖典タルムードの教えでもある。タルムードはビジネス・スクールのケースブックとしてハーバード・ビジネス・スクールなどで使われてもよいほどだ。

会社経営だけではなく国家経営ということからも、この小話は示唆に富む。キツネを戦前の日本、葡萄畑を中国満州、柵を当時のイギリス、猟師をアメリカと置き換えれば、この小話は満州事変当時の日本のたとえ話かと思えてくるほど、教訓に富むのである。

ユダヤの小話は歴史の珠玉である。

コロナのような事態は
必ず起こりうる。
あらゆるリスクを
想定せよ。

コロナ常在説のユダヤ人とポスト・コロナ観

ユダヤ教の災禍観は次の通りに要約される。

①どんな成功者にも災害は訪れる。
②したがって、収入の糧は二つ以上持て。
③財産は7箇所から8箇所に分散しろ。

このユダヤ人の災禍観とリスク対策を示す、古代ユダヤの詩（紀元前4世紀から同3世紀にかけて書かれたと推定）をご紹介しよう。

ヘブライ聖書の一つ、「コーヘレト書」からの引用だ（訳は石角完爾の意訳）。

競走は足の速い者が勝つ。

闘いは勇敢な戦士が勝つ。
金貨は頭のよい者に集まる。
富は聡明《そうめい》な者から離れない。
恵みは知恵者に注がれる。

これらいずれも人生の勝者なのだが、そうは言っても不慮の災難に遭遇しえる。
人は自分の死の時さえ知りえない。網にかかる魚のように、仕掛けの網に捕まる鳥のように、不意に襲う災厄に人もまた絡め取られる。

自分の財産と大切なものを7つまたは8つに分けよ。
地上のどこにどんな災いが起こるかわからないのだから。

明日に種を蒔け。夕べにも手を休めてはならない。
それとこれ、どちらの芽が出るのか、

あるいは双方等しく芽が出るのか、お前にはわからないのだから。

ユダヤでは、リスクは常に起こると考える。

災禍を起こらないと楽観する「想定外」とか、災禍は必ず去っていくと捉える「ポスト・コロナ」という文字はない。

ノアの大洪水のようなことは4000年に一度だが、絶対に常に起こると考えるのである。

したがって、道を歩いていれば酔っ払い運転の車が突っ込んで来るリスクは常にあると考える。不注意運転者の車が突っ込んで来ることは常にあると考える。そのような運転をする者はいないから、「想定外」のリスクだとは決して考えない。新型コロナは去ることはないと考える。

ユダヤでは変質者が子どもにナイフを突き刺してくるリスクは常にあると考える。まさか秋葉原のホコ天に狂った男が車で突っ込みナイフを振り回すとか、**あるいは新型コロナのような事態は「想定外」だからありえないとは絶対に考えない。「想定外」の事態は必ず起こると考える。特に感染症のパンデミック対策はヘブライ聖書のメイ**

ンテーマだ。

次から次へとユダヤ人に災難が振りかかってくる歴史書であるヘブライ聖書には、人間の「想定外」のことがいっぱい書かれている。

それを学んでいるユダヤ人だから常にリスクを分散するのである。

コロナを常在させてリスクを分散する思想

ユダヤ人はヘブライ聖書（旧約聖書）を小学校からよく読む。山という山までが水没するようなノアの洪水や、町という町が焼き尽くされる聖書の記述を子どものころから何度も読むので何度も起こりえることと考える。

年代を暗記するだけの歴史教育は、ユダヤのように「想定外のコロナ」によるリスクを子どもの頭に焼付けはしない。

ユダヤでのリスク分散はまさに貴重なものをあちらこちらに地理的に人的に分散するというのである。したがって、財産運用方法も1ヶ所の一つの投資目的に集中しない。金、銀、ダイヤモンド、通貨、株、債券、社債などに分散し、しかも世界各地に分散させる。

これに対し非ユダヤ人はすべてを国内で貯金している。

さて、このようにユダヤのリスク分散の思想から考えると、よくある集団登下校というのは誠に理解に苦しむ現象である。必ず車は突っ込んで来るリスクがある。必ず変質者がナイフを振り回して襲い掛かってくるリスクがある。集団だと全員が犠牲になる恐れがある。

リスク常在説がユダヤである。リスク想定外説がユダヤ人以外の考え方である。

このリスク常在説のユダヤの考え方からすると、子どもたちが集団で登下校することはとんでもないことだということになる。必ず運転を誤って突っ込んで来る車があると考えるから、その時に多くの子どもが負傷、あるいは命を失うことになりかねない。集団だとかえって何人も殺したいと考える変質者に狙《ねら》われる。

なんでも「一斉に始める」リスク管理の危うさ

集団登下校のように誰もが一斉に同じ時期に同じことをする現象は社会のすべてに見られる。たとえば新卒者の一斉採用である。

大学を卒業して4月に企業が新卒者を一斉に採用する。何年度採用組ということだ。そして企業は一斉に新入社員教育をする。

これに対してユダヤはリスク分散の思想から、企業はいつでも採用する。毎日採用する。

また一斉入学一斉卒業の学校は小学校から大学に至るまで、常に4月から新学期が始まる。4月入学というやつだ。

これに対してユダヤのリスク分散の思想からいうと、4月か9月かという議論にそもそもならない。入学はローリング・アドミッションといって、いつでも構わない、どんな時期にも入学させるということになる。特にオンライン大学とかオンライン授業ということになれば、そもそも教室がないのだから、教師や先生の授業はオンラインで録画されているので、いつ入学してもコースの最初から授業が聴けるというわけだ。卒業もバラバラだ。優秀なら大学は3年で卒業してしまう。

また多くの企業はほとんどすべてが3月決算、6月株主総会と一斉に決算し、一斉に株主総会をやる。これだと、たとえば新型コロナウイルスのようなことが起きると、企業は一斉に決算が遅れる。つまり、その国の証券取引所の株価の変動が一斉に影響を受けるということになりかねない。

国の会計年度も一斉に4月から新会計年度が始まる。しかし国の事業などになると、とくに災害復旧や新型コロナ対策のようなことになると、災害やコロナは国の会計年度に合わせて来てくれないのだから、期末近くにコロナが来ると、補正予算を組むなどということになりかねない。

何事につけて一斉に物事を始め、一斉に物事が終わるリスクを背負うということになってしまう。ガダルカナル島の戦いやミッドウェー海戦のように何かあったら全員が共倒れになるということだ。

常に「最悪のシナリオ」を想定せよ。

「見ざる、聞かざる、語らざる」

ユダヤでは何か事故が発生するとすぐにメディアも評論家も学者も「最悪のシナリオ」ということを口にする。

ところが**世間一般では、「最悪のシナリオ」を口にする人はほとんどいない。**

ユダヤがすぐ口にする「最悪のシナリオ」とはどういうことか？

それはこういうことである。

よい結果を生もうとして打っている今の対策がすべて裏目に出た場合、あるいはそれらの対策がすべて効果がない場合にどういう事態が起こるのか。その事態に対してどう対処していけばよいのかというのがユダヤが言う「最悪のシナリオ」という言葉である。

ところが世間一般には「政府が取っている対策が全部駄目になった場合にどういう対策があるのか。それが全部駄目になった場合にどんなことが起きるのか」ということを聞く人はまったくいないし、口にする人もいない。

全員が「ポスト・コロナのシナリオ」を話す。

しかし、ユダヤから見れば常にコロナがどんどん悪くなっていく「最悪のシナリオ」が口にされ、論じられ、研究され、分析され、「最悪のシナリオ」についてメディアも評論家も学者も溢《あふ》れかえって議論されることが望ましい。

皆が一丸となって事態に対処しようとしている時に、「その対処方法がすべて効果がないとしたらどうなるのか、どうすればよいのか」ということを口にするのは、それらの努力をしている人々に対し無礼なことであり、水を差す行いである、言ってはならないことという配慮、遠慮が働くとどうなるか。

先制攻撃前に逆襲されてすべての戦力を喪失したらどうするか。コロナ常在になったらどうするか。

「最悪のシナリオ」を見ざる、言わざる、聞かざる、語らざるの社会は、ガダルカナルとミッドウェーを繰り返すことにならないか?

偉大なことを
成し遂げるためには、
生活の無駄をそぎ落とす
必要がある。

「この世は狭い橋だ」というユダヤの祈り

現代の生活は、あまりにもお金や美味追求にこだわり過ぎ、重要なことを忘れている。

ユダヤ人の生活は自分を戒律で縛ることにより、そういったことに目を向けない、時間を使わないことを目的としている。

毎日2回朝晩シナゴーグに行く、水曜日の夜と金曜日の夜、土曜日の朝、土曜日の夜はシナゴーグで各3時間の勉強会に参加することにより、実はシンプルで単調な生活の繰り返しという生活習慣が身についてくるわけである。

そうすることにより、**無駄を削《そ》ぎ落とした、本当の意味での幸せを実現できる生活**が待っている。

つまりユダヤの戒律は生活の垢《あか》、生活の無駄、人間の欲望を削ぎ落としていき、本当に必要なことだけに目を向けるために用意されているのである。一度自分の生活を振り返り、どんなことに時間や気分を使っていないかを検証してみてはどうだろうか。

多くの人が仕事のストレスを解消するために居酒屋に行く、あるいは馴染《なじ》みの料理店に行く、野球やサッカーなどを観るなどという生活の繰り返しを送っていないか。信号待ちをしている間にも携帯電話でメールをチェックする。

狭い橋から転落しないためにすべきこと

ユダヤの祈りに**「この世界は狭い橋だ」**というのがある。

つまり人の世は狭い橋を渡るようなものだ。道を誤まれば橋から落ちる。誤まらないようにするためには真っ直ぐ歩く必要があるというユダヤの祈りである。

たとえば歌舞伎町の飲み屋に行く、そこに若い男女がいる、コロナのリスクを抱える、離婚騒動が持ち上がる。こうしたストレスを抱えることになるであろう。

あるいは、お金ができてくるとうまい儲け話に手を出す。証券会社の証券マンと話をする時間は割くのにシナゴーグに行く時間は割かないとしよう。すると必ず証券で大やけどをする、家屋敷を担保に取られる。折角のＩＰＯで手にしたお金を全部失う。ＩＰＯで値段の付いた自分の株を全部担保で失う、となりかねない。

ユダヤ教ではそういったことにならないように毎日毎日シナゴーグに行き、ユダヤ人以外の人とは会わず、余計なことをしない。そのために厳重な戒律に縛られた毎日、単調な毎日、シナゴーグに行って家に帰るだけの毎日を送るようにさせているのである。

この世界は狭い橋だ。右にも左にも一歩間違えば転落する。転落しないようにするためには戒律を守り、単調なシナゴーグと仕事場の往復の毎日を送る。全世界のほとんどの人とはまったく違う生活を送ってきたのがユダヤ人だ。だからとはいわないが、ユダヤ人には成功者が多く、偉大な学者、思想家、哲学者、音楽家が多いのである。

偉大なことを成し遂げるためには犠牲が伴わなければならない。犠牲とは仕事と家庭とシナゴーグ以外の時間の使い方をしない、美味を求めてレストランに行かない、夜の町には出歩かないという犠牲だ。

ユダヤ人に成功した実業家、金融資本家が多いのは、実はこうしたシナゴーグを中心とした無駄を削ぎ落とした単調な毎日の繰り返しという生活に秘密があるのである。

会社を「さん」付けで呼ぶ国にイノベーションは生まれない。

会社に「さん」を付けて呼ぶ日本だけの会社文化がもたらす弊害

日本では古くから「お稲荷《いなり》さん」「弁天さん」「お釈迦《しゃか》さん」と神仏に親しみをこめて「さん」付けして呼ぶ、神仏の擬人化現象がみられる。ところが、最近では企業組織体に「さん」付けして呼ぶようになった。この場合、親しみを込めてというより、尊敬を示す「さん」付けである。

「会社」への「さん」付けは、さらに「会社」を神社と同様に神聖なる場所という意識を日本の企業文化に植えつけている。

会社に「さん」を付けて呼ぶ。おそらくこれは日本だけの会社文化ではなかろうか。恐らくこの違いがユダヤと日本の違いの中で最も際立つものの一つ、つまり意思決定のスピードの違いに影響してくるのだ。

日本では会社に「さん」を付けて呼ぶように会社に人格があり、その人格のある「会社様」が本社という聖なる場所に存在している。取引先や下請け、セールスパーソンなど、その「会社様」より序列の低い人間は「会社様」のおわします本殿（本社）に来て挨拶（お参り）するべきだという意識になる。

まさに**会社の神格化**だ。

会社の「さん」付けは熾烈《しれつ》なイノベーションの世界では圧倒的に不利

ユダヤは会社には人格や神格など求めない。そもそも人は神格化しない、ましてや法人は人格化も神格化もしない。ユダヤの一神教とは人も法人も神格化しない宗教なのだ。

社長も含め、担当者同士がウェブ会議で会えるなら世界のどの都市でもさっさとウェブ会議で会う。ウェブ会議だからその時と場所は関係ない。**世界は早く動いているから、特にビジネス、イノベーション、技術の世界はすべてが早く動いているから、**となる。

会社人格主義・会社神格主義は「お前が会いたいと言っているのだから、俺の会社様のおわします本社に来い。それが礼儀というものだ」ということだ。

「俺の本社様」「俺の会社様」。神様の本社詣でということになる。

ユダヤ社会では会社に「さん」を付けて呼ぶという法人人格化、ましてや会社神格化はまったくみられない。

したがって、本社の応接間が何らかの意味（会社様への謁見の広間）を持つということもまったくない。

私がアップルのスティーブ・ジョブズに会ったのも、他の社員がいっぱいいた社員食堂だ。お互いにトレイに昼食を載せながら「ハイ、スティーブ」という感じで、向こうもTシャツ、私もTシャツ。別に本社の社長室でということはまったくなかった。

これに対して日本は会社を「さん」付けで呼ぶように、会社に人格を持たせ（会社人格化）、その人格に対して崇拝、尊崇の念を持つ、または示すこと（会社神格化）を社会的序列の低い人間（下請け・取引先・セールスパーソン・そして社員）に要求するというものである。

日本の会社はこうして会社が人格化・神格化したために儀式儀礼のために時間がかかる。

各部課のハンコが連なった稟議書《りんぎしょ》の最後に、一番偉い人が大きくて立派なハンコを押す儀式は象徴的である。

恐らくこうした非合理な面が、イノベーション・スピードの恐ろしく早い分野で後塵《こうじん》を拝する姿と重なっていっているのだろう。

ユダヤではＰＤＦでサインを送れば一瞬で契約成立だ。

ユダヤでは新型コロナ騒動以前から、ＰＤＦをオンライン交換するテレ・シグネチャーでやっている。

ハンコを押させるためにコロナ・リスクを冒してまで出社させる社会は、「白人」が「黒人」を差別する社会と同じで、「会社様」と「社員」を差別する社会であろう。

第3章

学びの黄金律

最もよい教師とは、
最も多くの失敗談を
語れる教師だ。

子どもに親が行うべき教育

ユダヤの両親が子どもに教えることはいっぱいあるが、教えることで特に重要なことは次の二つである。

①トーラ（モーゼ五書＝ヘブライ聖書）の勉強
②失敗の体験の継承

ここでは②を説明しよう。ユダヤの両親の子どもへの教育の中で一番重要なことの一つに失敗体験の承継がある。この失敗体験を教えることは、成功体験を教えても意味がないとユダヤ人が考えているからである。**成功体験の伝承は子どもの将来にとって参考にならない。というより、むしろ害になるとユダヤ人は考える。**

なぜ成功体験を教えることが子どもの将来に有害無益であるのか？

それは、ある人がこうして成功したからといって同じことをしても、時代、タイミング、環境、周りの人々が違えば成功するとは限らないのみならず、たいていは同じことをしても失敗してしまうからである。

これに対し、失敗体験は、ある人がこうして失敗したからということは、同じことをすると、時代、タイミング、環境、周りの人々が変わっても、同じように失敗することが多いからである。

ユダヤ人は長い民族の苦難の歴史の中で、失敗体験には再現性があり、成功体験には再現性がないことを知っている。

そこでユダヤでは、民族の小話や伝承で失敗談を主として語り継いで子どもに教えるのである。

アメリカ人のゴールドマン・サックスに勤めていた証券マンの友人がハーバード・ビジネス・スクールに入学した子どもに、「金融をやりたければニューヨークのゴールドマンに勤めるのが一番だ」と教えても、その子どもにとっては何の意味もない。そもそもゴールドマンという会社がその子にとって合うかどうかもわからないのに、単に金融ナンバーワンということだけで勧めるのはナンセンスだ。

それより重要なことは、ゴールドマン・サックスに勤めていた父親がゴールドマン

時代にどんな罠《わな》に陥ったことがあったか、どんなことで人々の信頼を失ったか、どんなことで躓《つまず》いたかを教えることである。

そのような失敗談は、仮にその子が金融の分野に進まなくても参考になる。そのような失敗の体験は必ず子どもの将来にとって参考になるのである。

くどいようだが、失敗体験は再現性があり、成功体験には再現性がない。だからユダヤでは、こうすれば成功するということは教えない。

こんなユダヤの小話がある。

ある国のお姫様が森の中で道に迷った。何日間も森から出られなかった。

とある日、森の奥で一人の白髪の老人に出会った。その老人にお姫様が聞いた。

「どちらの道をたどれば、この森から出られるのか教えてください。私は、もう7日間も道に迷っているのです」

老人は、こう答えた。

「わしは、この森でもう40年間も道に迷っている。わしが教えられるのは、どの道を進めば森から出られないか、ということだけだよ」

最もよい教師とは、最も多くの失敗談を語れる教師をいう。
これがユダヤの教えである。

ひたすら勉強して、
食をつつしみ、
よく休め。

ユダヤ教は「子育て教」

①勉強すること
②食事戒律を守ること
③安息日を守ること

この3つはユダヤ教そのものである。これ以上にユダヤ教を端的に説明する言葉を私は知らない。この①②③はすべて子どもの健全な成長のためにある。

だからユダヤ教は**「子育て教」**なのだ。

子どもの「身体」に悪いものを食べさせないで健康な身体に育て、勉強をして立派になり、子どもの精神つまり「魂」の健やかな発育のために、安息日は休む。

大人になってからもこの①②③を守り、幸せな一生を長く送れるようにする。それがユダヤ教なのだ。天国があって地獄があって信仰を深めて極楽浄土に行くといった宗教というようなものとは、およそ違う。

ユダヤ人は
日本人の1000倍も
質問する。その結果、
日本人の10倍を知る。

質問のできない日本人

先日、出席したセミナーで面白いやり取りがあった。東京工業大学の世界文明センター・センター長のロジャー・パルバース教授が、「日本は21世紀に生き残れるか?」というタイトルで講演をした。

講演終了後、一人の老財界人が立ち上がって、「この間のダボス会議で日本の大企業の経済人の話に、たった9人しか参加者がなかった。同じ時間の他の講演には人がいっぱい押しかけていた。どうしてなのか?」という質問がなされた。

教授はユダヤ人だった。

ユダヤ人は、質問に対し質問で答えることが多い。このときも、その教授は逆にこう尋ねた。

「じゃあ、あなたはなぜその財界人の話にそれだけの人しか集まらなかったと思いますか?」

日本の財界人は「それは話が面白くないからだと思います」と答えた。

パルバース教授は「それはそうです。誰が面白くもない話に時間を割いて聴きに行きますか。貴重な時間を割いてスイスまで行っているのですよ。面白い話の所に行くのが当たり前じゃないですか。面白くない話の所には誰も行かないですよ。誰だってそうでしょう。では、何で話が面白くないと思うのですか？」とさらに質問をした。

この質問に対して質問者は答えに窮していた。

ここで答えに窮するというのが問題だ。今の日本の置かれた難しい立場を表している。

「1を聞いて10を知る」と

「1000を聞いて100を知る」の違い

世界中のみなが日本に興味を失っていることは日本人が十分認識している。ダボス会議でも、日本の政治家や財界人が話をするセミナーに参加する聴衆は極端に少ない。

では、何が原因でそうなっているのか。


「わからないことがわかっていないのではないか」

「問う力がないのではないか」


これが、私とパルバース教授の共通の認識であった。

パルバース教授はユダヤ人である。そして私もユダヤ教に改宗したユダヤ人だ。

ユダヤ人の態度で一番顕著なのは、「問い」を重視する人々であるという点だ。

「問い」「質問」をしないことで何が起こるのか。

日本では「1を聞いて10を知る」と言われる。それが頭のよい子だと教えられる。

ユダヤ人は「1000を聞いて100を知る」と言われる。日本人は「察しがよい」のに対して、ユダヤ人は「察しが悪い」。

しかし、よく比べるとこうだ。

日本人は1しか質問しない。その結果10しか知らない。ユダヤ人は日本人の100

0倍も質問する。その結果日本人の10倍も知る。

中野次郎というオクラホマ大医学部内科教授が40年ぶりぐらいに母校の神戸大学医学部で講演をした。講演の後、何か質問はないかと学生に壇上から言うと、しんと静まり返って誰も質問しなかった。あまりの静寂に耐えかねて、中野教授が「君たちはなぜ質問しないのか」と学生に聞くと**「質問したら失礼だからです」**という答えが返ってきた。

一方、ヘブライ大学で、ある日本の学者が講演した。質疑応答の時間に入るや、質問の嵐であった。予定を延長してやっと終わった後、「君たちはなんでそんなによく質問するのか」と日本の学者が聞くと、ユダヤ人学生は**「質問しないと失礼だからです」**という答えが返ってきた。

日本では質問する子は悪い子と言われ、ユダヤでは質問しない子が悪い子と言われる。

家庭教育がまことに対照的だ。

一度道に迷えば
取り返しがつかない。
それより100人の人に
道を聞いた方がよい。

安全律のある民族とない民族との違い

ユダヤ人の小話・格言は具体的に処方箋《しょほうせん》を与える。

「一度道に迷えば取り返しがつかない。それより100人の人に道を聞いた方がよい」


人は人生において何度もリスクを伴う決断をしなければならないことがある。

そんな時にユダヤ人は100人の人智を持つと言われるラバイに聞く。

ラバイが身近にいないときはネットでラバイに問い合わせをする。さらにユダヤ人は、100人の人の知恵が詰まったヘブライ聖書とタルムードを開いてラバイのアドバイスを検証する。

確かに数千年前には携帯電話もパーソナル・コンピュータもなかったが、人間は、そんな道具の有無で大きく変わるものではない。だからユダヤ人は常にヘブライ聖書とタルムードの律法に身の処し方、決断のアドバイスを求めるのである。

それがまずは安全であるからだ。

ユダヤ人のような安全律がないと右往左往することが多い。

ユダヤ人はヘブライ律法（聖書とタルムードのこと）にさえ従っておけば絶対に間違いないと信じきっているので、右往左往しない。どんと構えている。

可愛くないかも知れないが、安全律のある民族は右往左往しない。

普遍的なものを読み、
知的体力を鍛え続ける。

ユダヤから学ぶ子どもの読書習慣

ユダヤ人の家に行くと、たいてい本でいっぱいだ。

父、母、そして子どもたちの部屋にも、大きな本棚に、さまざまな本が詰まっている。

そして、本の読み方も、非常にユニークだ。

子どもがある事柄を知りたがる。もしくは、疑問を持ったとする。その疑問や問いを親は大切にする。そして、本を買ってきて、その疑問について家族みんなで調べ、議論を始める。家族議論が勉強の中心だ。

ベトナム戦争のときアメリカのユダヤ人の家庭では、ベトナム参戦賛成論者のキッシンジャーと反対論者のモーゲンソー（二人ともユダヤ人）のテレビ討論を観て親子の議論が白熱していた。

いい答えがなかったら、新しい本を買ったり、家族で図書館に向かったりする。そして、そこでは「本の示すことは正しいのか」という批判精神を持ちながら、本を読む。

学ぶ場は学校だけではない。子どもの場合には特に、家が学びの場になり、家族が学びの議論仲間になっているのだ。

こうした本の読み方は**「問い続ける」ユダヤ式教育**が反映したものだ。

言うまでもないことだが、本を読むことは、教育上多くのメリットがある。

本好きな子どもは、知的能力が伸びる。先人の知恵を学び、必要な情報を手に入れる自習の習慣がつく。自国語の読解力が高まり、それにともなって表現力も高まる。そして、自ら疑問を本によって解決しようとする思考能力も高まる。過去の偉人たちと書物を通じて対話もできるのだ。

そして私自身の経験や、教育コンサルタントとして子どもたちを見てきた経験からすると、読書の習慣は、確実に人生を実り豊かにする。読書は楽しいものだ。その喜びを幼いころに知ると、生涯にわたって、本を読み続けることになる。こうした読書の効用は枚挙にいとまがない。

幼いころから、テレビ、ゲーム、さらにはタブレットやスマホに囲まれて過ごす子どもと比べると、学力でも、人間性でも、優れたものになることは確かだろう。

ユダヤ人はなぜ本好きな民族なのか？

それでは、なぜユダヤ人は本好きになるのだろうか。

「本好きですね」と問うと、誰もが「私たちユダヤ人にとっては、家にたくさんの本のあることが当たり前なのです」と誰もが答える。

ユダヤ人は小さなころから聖書、特にトーラ（モーゼ五書）を読む教育が行われる。聖書は子どもにとっては難しい面もあるが、親が無理に教え込むのだ。

教育を受け始めたばかりの幼児のころから、子どもにとっては難しい内容も含む聖書を読む。その結果、ユダヤ人には分厚い本、難しい本を読む抵抗感がなくなり、活字が身近になる。

そして読書の習慣がつき、子どもたちが本を好きになっていく。読書によって新しい世界を知ることが楽しくなる。その結果、人生を豊かにしていく。

ユダヤ人は聖書を大切にすることから**「啓典の民」（啓典＝至高の神の言葉を記した書物）**と自称する。そして同時に、自らを「読書の民」「本の民」ともいう。私の見るところ「啓典の民」と「読書の民」という特徴は密接につながっている。

ところで、スマホで本を読めば同じではないかという議論があるが、①スマホのLED光は目に悪い、②スマホだとついチャットやユーチューブなどに切り替えてしまうので、本は紙の書籍で読ませるように子どもをしつける方がよい。

大量に本を読ませるアメリカの学校

子どもに大量に本を読ませるというユダヤの習慣は、アメリカの学校教育の特徴ととてもよく似ている。

アメリカではエリート校と呼ばれる学校に加えて、普通の学校でもかなりの量の本を読ませる。一流校では、大げさではなく初等・中等教育で100冊程度の本を課題として出される例もある。一方で、世間では小中学生の親に聞くと、「学校からの課題図書ゼロ」の例を聞いたことがある。ゼロ対100の格差は、子どもの成長に大きな差を生んでしまうだろう。

アメリカのエリートの卵の集《つど》う「ボーディング・スクール」の例を示してみよう。

そこでは州や政府の指導と関係なく、自由な授業が行われる。文学の講座では、10代の少年少女に、シェイクスピアの戯曲1冊とか、ディケンズの小説1冊を読むことが義務付けられる。

毎週のように課題図書を与える授業が大半だ。

ボーディング・スクールの読書活用法

そうした読書を前提に、テーマを与え、その本の内容ごとにエッセイを書かせ、教師が生徒と議論を重ねることで授業は進む。そのテーマでは、作者が何を言いたいかなどという大きなテーマを議論する。

日本では「古典」「国語」という科目で、『源氏物語』や『奥の細道』などの名作を学校でさわりの部分だけを教える。だが、全巻を読むことはほとんどない。また、古典の授業も国語でも、文学作品の一部分を取り出し、一語一句分析するという、細かなことに関心が向くだろう。

こういう細かな授業では、文学作品を読書する面白さが、なかなかつかめないだろう。

文学以外の授業、たとえば歴史でも、理系の科目でも、同じように読書の宿題が大量に出る。夏休みには一教科1冊、合計で3～4冊の分厚い本を読み、エッセイを書く宿題が出るのだ。

授業で使われる教科書の使い方、そして作り方も日米で違う。

日本の教科書は薄くてサイズも小さい。ランドセルで持ち運ぶことを想定しているのだろう。一方で、アメリカの教科書は、サイズは日本のよりもう一回り大きく、分厚くて重い。まるで電話帳くらいある。

アメリカでは、親が自分の車で送り迎えし、またはスクールバスが巡回して、学校まで生徒を連れていく。また全寮制の学校も多い。そのため、教科書の重さをあまり配慮しない。

日本の場合は、教科書を絶対視し、そこから逸脱した授業を好ましいものとはしない。アメリカの場合の教科書は、日本と違い、参考図書である。子どもたちが家で読んでいることが前提だ。百科事典的、網羅的である。図表や絵や写真が極めて豊富に盛り込まれている。

そしてアメリカの授業では、特にボーディング・スクールでは、教科書から教師が逸脱することが奨励され、教材を教師が作ることや、生徒自身が作る学校もある。そして授業に独自性が求められる。その中で、教師は自ら読んだ本を子どもに与え、議論によって授業を作り出していく。

高等教育では大量の読書が必要

大学・大学院の高等教育は、もっと大量に本を読まなければならなくなる。アメリカの多くの大学では、授業の前に、大量の宿題、参考文献が出る。それを前提に、授業では議論の形で進む。日本の場合には、教授の講義録を「読むだけ」の講義が多いだろう。

アメリカの大学生は、本を読まないと、授業についていけない。

そのために、学生の間では、速読術や要約術などの本が、かなり売れる。ポイントをつかみながら読む必要があるが、こうした訓練は実社会で、どのような仕事についても役立つだろう。語学のハンデキャップがある留学生はかなり大変だ。辞書を引きながら読んでいては間に合わない。

そして、**授業は議論で行われる。参考文献をさまざまな観点から分析し、批判的に読む訓練をしていなければならない。**文献と同じ答えをしていては、授業で陳腐な発言しかできなくなる。

だから入学以前から読書習慣がついていないと、大学教育についていけない。大量に本を読み、ポイントをつかみ、そして批判的に読むことを事前に訓練しなければならないのだ。ユダヤ人はアメリカの大学・大学院の成績の上位者を常に占める。こういうアメリカの高等教育の授業方法に、彼らの読書習慣が役立つためだろう。

学ぶべきユダヤの読書習慣

日本は子ども・学生の「本離れ」が著しい。

もちろん、玉石混交の本があり、スマホに手軽な情報があふれている現在、本をじっくり読みこもうとすることは確かに疲れる。また、つまらない本に当たることは時間の無駄だ。また「情報の道具化」が進行する中で、本も軽く、簡単なものが流行している。「手軽に情報を使いこなし、本を読まない」。こうした流れは加速する一方だ。

しかし、ユダヤ人の家庭や、アメリカのエリート校ではこの流れに逆行している。分厚い本を、かつてと同じように大量に読ませる。そしてそれは古典などが中心だ。

私の知り合いの大学教授でも、ユダヤ人でも、子どもにスマホは持たせない知人が多い。「読書の邪魔になる」というためだ。

「普遍的なもの」に思いを馳《は》せ、じっくりと人類の知的遺産と格闘する経験は学校教育の中で必要だ。社会の中で知的な力による勝負をするとき、そうした訓練を受けた人、受けなかった人では成果が大きく違ってくる。

これから社会に出ていく子どもたちは、知的な体力を強める必要がある。大人たちも、そうした知的体力を鍛え続けなければならない。「手軽」な読書、また本を読まないなどの行為は、そうした知的体力を衰えさせる。

ユダヤ人は、幼いころから、聖書を読み込むことで、知的に鍛えられる。それが教育、さらには社会に出てからの、知の世界での大きな成果につながる。

「問い」と「議論」が
子どもを育てる。

子どもに質問を繰り返すユダヤの家庭

私がユダヤ教に改宗したことによって、多くの人から「ユダヤ人の家庭教育とはどんなものですか」という問いを聞くようになった。

もちろん、それを一言で言い表すことはできない。

だが、頻繁に家で行われる質問を紹介して、読者の皆さんにその一端を紹介してみたいと思う。「問いの民族」「議論の民族」とユダヤ人は呼ばれる。その理由がうかがえるのではないだろうか。

「風は目に見えないし、形も色も匂《にお》いもない。けれども、どうして感じることができるのか？」

読者の皆さんは、どのように答えるだろうか。ユダヤの家庭では3歳ぐらいの子どもにこの質問をする。もちろんこれに正解はない。問いかけられた子どもは、「見えない風を感じる理由」について、一人一人が違う発想で答える。
ユダヤ人によると、この質問の狙いは、子どもの議論する力を育《はぐく》むためだ。
これは代表的なものだが、ユダヤの家庭では親が子どもに頻繁に問いかける。

「二人の泥棒」の話は何のため?

もう一つ、もう少し大きくなった子どもに行う質問がある。

「ある日、煙突から居間に二人の泥棒が入ってきた。一人の顔にはすすがついていて真っ黒だった。もう一人の泥棒には全然すすがついていなくて真っ白だった。さて、どちらの泥棒が顔を洗うだろうか?」

読者の皆さんは、どのように答えるだろうか。この質問は説話とともに行われる。少し長くなるが、紹介してみよう。

ある時、農夫がユダヤ教のラバイ（宗教指導者）のところに行き、「私にタルムード（ヘブライ聖書の注解議論集）を教えてくれないか」とお願いした。するとラバイが「お前にわかるわけがない」と突き放した。農夫が「何とか教えてください」と懇願する。「よしわかった」とラバイがこの質問を行った。

するると農夫は、「汚れている方が顔を洗うに決まっていますよ」と答えた。「だからタルムードをお前に教えるのは無理だ。それは間違いだ」とラバイが応じた。「それは一体どういうことですか」と農夫が再び聞き返した。ラバイが「つまり、物事には次元の違いがあるということだ」と言うと、「もう一度、よく考えてから来ます」と言って、農夫は帰った。

翌日またやって来た農夫は答えた。

「先生、わかりました。すすのついていない方が顔を洗うのですね。自分の顔は見えないけれど、もう一人の人間が汚れているから、洗おうと思うはずです。見る場所で、ものの見え方が違うのですね」

と農夫は答えた。

するとラバイが再び、「だからお前には教えてもわからない」と言ってこう付け加えた。「そもそも同じ煙突を降りて一人が汚れていて、一人が汚れていないということはありえないのだ」

と、また違う次元の見方があることを教えた。


ユダヤ人に聞くと、この話には深い狙《ねら》いがある。

「事実」「認識」「真理」の違いを子どもに教えるための説話なのだ。「顔の汚れた泥棒と汚れていない泥棒がいる」という事実が、質問によって示された。しかし、その事実を受け止める認識は、見る場所によって異なる。だが、同じ煙突を通った二人の泥棒のうち、一人が汚れていないことはありえない。真理とは事実や認識とも異なる。

次元を変えることで、事実と認識は変わっていく。さらに、真理は別に存在する可能性があるのだ。この質問に「この設問はおかしい」と、疑問を持つ子どもの反応を親は期待するという。

ユダヤの家庭における「問い」の大切さ

ユダヤの家庭では、子どもの問いを、家庭で積極的に促す。

たとえば、アインシュタインは5歳のときに、父親に磁石セットを買ってもらった。そして父親と一緒にいろいろと実験をした。これが「私が物理学を学ぶきっかけになった」と回想する。

アメリカの物理学者のリチャード・ファインマンは、量子電磁力学という新しい分野を開拓し、ノーベル物理学賞を受賞した。彼は『ご冗談でしょう、ファインマンさん―ノーベル賞物理学者の自伝』（邦訳・岩波書店）など、また、軽妙な語り口の物理学の講義や著述・講演によってメディアでも有名になった。

彼が科学者になったきっかけは、幼いころ父親が博物館に連れていってくれ、さまざまなことを議論したことだったと回想している。父親はビジネスパーソンで、その説明は後から振り返ると間違いも多かったが、ファインマンの科学への興味をかきたてたそうだ。

もちろんユダヤ人に限らず、世界のどの民族でも、親は誰もが子どもの知的好奇心を広げようと、さまざまな工夫を凝らしている。

ただ、その中でユダヤ人の親は特に熱心だ。

子どもが質問し、問いを行うことを、とても大切にしている。

アインシュタインやファインマン、そして多くのユダヤ人の知の巨人たちは、こうした背景の中で育ったのだ。

ユダヤ人が素晴らしい学問的業績を上げ、または頭脳を使ってビジネスで成功する人を輩出するのは、**「問い続ける」姿勢と、それによって生まれる議論好きの態度**にあると私は考えている。

第4章

日本人とユダヤ人

「なぜ？」の繰り返しが知的な頭脳活動を生む。

受け手と教師の関係性の民族的違い

日本人に「なぜお前はそういうことをしたのか？」と聞くと、１００人中１００人は自分が非難されていると思い、縮み上がるか、弁解するか、はたまた「申し訳ない」と言って謝るか、この三つの反応しか出てこない。

しかし、ユダヤの学校における一般教養教育では「なぜ」は非難ではなく、単なる理由を聞く質問と受け取られるから、「かくかくしかじかでそういうことをした」と全員が発言する。

その発言を受けて、次にその発言の中で「なぜそう思ったのか？」とまた問いかけが教師から来る。これに対して生徒は「かくかくしかじかでそう思った」という風に答える。

このやり取りの繰り返しが知的な頭脳活動を生み、批判的思考、一般教養教育が始まるのである。

学校の教室では教師は生徒を叱《しか》ってはいけない。その時の叱り方が「なんでこんなことをしたのか？」と叱ることは非常にまずい。生徒は縮み上がるか、弁解するか、コソコソするかだけである。

そうされると「なぜ」は非難になってしまうからだ。

それを単なる質問と受け取れと言っても無理だ。

「ＨＯＷ＝どうやったのか」「ＷＨＡＴ＝なにをしたか」よりも本質的な「ＷＨＹ」を考えない習癖になってしまう。

ユダヤ人は交渉術すら歴史に学ぶ。

ヘブライ聖書にみる交渉術

「日本人は交渉下手」といわれる。

「ユダヤ人の交渉上手」は実はヘブライ聖書により鍛えられた民族であることから来ている。

私の本職は弁護士だが、一般的に交渉の時には要求を大きく出して、交渉するなかで落としどころまで譲歩していくやり方をとる。100万円の要求が落としどころだとすると、どんと1000万円ぐらいを要求し、交渉のうえ譲歩していく。

このやり方を成功させるには1000万円という額に相手が驚くことが前提。もし相手がこの交渉術を見透かしていると、足元を見られ逆に手玉にとられる。逆に50万円くらいに押さえ込まれてしまう。

日本人の交渉術は、単なる心理作戦、はったりである。相手の感情の動揺を誘って交渉を有利に進めようというやり方である。この作戦はじつは日本軍の得意とした夜襲、奇襲作戦、白兵突撃にも共通する。

これは感情のない相手には通用しない。太平洋戦争の真珠湾攻撃のようなもので、相手が心理的に動揺するどころか逆に怒ってしまったら逆目に出る。

これに対してユダヤ人の交渉術は、論理作戦、理屈法である。ロジカルに攻めていく。ユダヤ人独特の論理の罠《わな》に相手を巻き込んでいく。

神「ソドムの町は悪人で満ちている。全部焼き払わねば」

アブラハム「ちょっとお待ちください。もしソドムの町に50人の善人が残っていたら、神様は善人も悪人も一緒くたに焼き殺すおつもりですか?」

神「否、50人も善人がいるなら、町全体を焼き殺すことはせん」

アブラハム「神様、私アブラハムは神様から見ればとるに足りないクズのような者です。失礼をかえりみずもう一つ聞いていいですか。50人といいましたが、それが5人ほど少なかっただけならどうでしょうか」

神「うむ。45人くらいなら、その45人の善人のために町は救おう」

アブラハム「もう一つ聞いていいですか。私は神様から見ればゴミのような者です。しかし、45人と言いましたが、それが5人ほど少なくても町全体を焼き尽くされるのでしょうか？ それが神の正義ですか？」

神「40人も善人がいれば、ソドムの町を救ってもよい」

アブラハム「神様、私も少しくどいと自分でも思っていますので、お怒りにならないでもう一つ聞いて下さい。40人から10人欠けて30人も善人がいても、町全体を焼き払われるのですか？」

神「いや、30人いれば、助けよう」

こんな調子でアブラハムは神に対し、自分は虫のような、ゴミのような、クズの男だとへりくだりながら、10人まで交渉を続けて神の譲歩を勝ち取るのである。ヘブライ聖書の話の続きは、10人も善人がいなかったのか、ソドムの町は焼き払われてしまうが。

これがユダヤ人の漸進主義、現実主義の起源である。少しの成果でまず満足する。そして、次に時間をおいて、相手の反応を見てまた少しの成果を得る。これを、しつこく、繰り返す。

ユダヤ人は常に歴史に学ぶ。
人間は同じ過ちを繰り返す。
古典に書かれていることを頭に入れておくと役に立つであろう。

世界でリーダーとなる
資格があるのは、
圧倒的な軍事力と
宗教力のある国家である。

ユダヤ流「YES」と「NO」の哲学

軍事力もなければ宗教力もない国は体力（軍事力）も理念（宗教力・正義力）もない。

宗教力はカトリック信者の総本山の国バチカンが一番だ。次に、北ヨーロッパの国々のプロテスタント国が二番。スウェーデンというとノーベル賞の国として何となく尊敬を集める。ノルウェーもノーベル平和賞という宗教力を持っている。サウジアラビアもイスラムの盟主の力を持っている。インドは何と言ってもヒンズー教の国だ。ロシアはロシア正教会、ギリシアはギリシア正教、イギリスはイングランド国教会と、いずれも宗教力をもっている。

どの国家もそれなりに宗教の力でその範囲では指導力を持っている。

一方、軍事力で世界のリーダー（嫌がられるが）たる国は、アメリカ、中国とロシアだ。

それぞれが持つ正義を振りかざして戦争をする。

宗教力もなく軍事力もない国はどうするか？

経済力ではリーダーシップを取れない。「理念なき経済大国」は単なる「成り金国家」だからだ。

日本が宗教力（理念）を持つ機会はあった。

それは、あの平和憲法を単なる憲法に終わらせずに「宗教力」にする機会があったのに見逃したからだ。ほとんど軍隊と同じものを持ちながら、空母、水中発射核弾頭付潜水艦、核装備がないために軍隊になれない「自衛隊」という中途半端なものを持っているために、もはや平和憲法を宗教化することはできまい。

人類史上、ユダヤ人のチャールズ・ルイス・ケーディス大佐の作った日本国憲法ほどの平和憲法は、類を見ないものであるのに、それを理想化し、宗教化することができなかった日本は理念国家になる大きな機会を失った。

日本の指導的政治家が日本国憲法第９条を宗教理念化して世界に向け、体系的な発信（第９条の理論的体系化とその英語による継続的発信）をすることはなかった。現行平和憲法を改廃してしまえば、宗教力・理念力のない国になってしまい、攻撃型戦力があっても正義なき武装国家、つまりヤクザ国家になる。

攻撃型核武装をすることと日本国平和憲法とはまったく矛盾しない。両方は矛盾なく両立する。

世界でリーダーとなる資格のある国は、次の二つがある国である。

①圧倒的な軍事力（＝攻撃型軍事力）

②宗教力（＝理念力）

経済力はリーダーの要件ではない。単なる金持ちはリーダーになりえない。

平和憲法を宗教化できなかった日本は、それでは何をもって宗教力とするか？

そこにユダヤ教の知恵が参考になる。

世界のリーダーになるためのユダヤの知恵

ユダヤ人は「口が一番重要」と教える。

口とは何か？

発言力である。発言力とは説得力である。言葉で人を動かす能力をいう。そのためには「Because＝なぜなら」を長々と言わなくてはならない。「なぜなら」でもって人を説得することである。それこそが発信力となる。ただ「ＮＯ」と言うだけでは人はついてこない。

「ＮＯだけ言うのはお馬鹿さん」
「Because が言えてお利口さん」

なのである。

同時に「ＹＥＳ」と言ったら必ず実行しないと人は納得しない。
口下手な人は Because が言えない。何でも「ＹＥＳ」と言うために、実行しないものの方が多い。それではますます信頼を失う。

ユダヤ人の格言はこうだ。

①何でもまず「NO」と言え。なぜなら「NO」と言ったあと何日経っても「YES」に変更できるし、「YES」に変更しても相手は怒らない。

②「NO」と言う時には、「Because」を長々と説明しないといけない。断る以上は相手を納得させる「Because」を言え。

③「YES」と変更したあとは、必ず実行しろ。

①②③を守れば、世界のリーダーになれる。
なぜなら、発言する国、実行する国になるからだ。
何にでも軽々しく「YES」と言うため、実行が伴わない。
だから、軽い国、信用できない国となってしまう。

国際社会で理屈や
正義論は通用しない。
通用するのはすべて
武力と金、そして
仲間の力である。

領土問題は「理屈」では勝てない

たとえば尖閣《せんかく》列島問題について「日本固有の領土だ」というのが日本の主張。その法律的な根拠は、アメリカから沖縄を返還された時に尖閣も返還されたということらしい。一括して返還されたという理解だ。

これに対して中国の主張は「1000年前は中国の領土だった」と言う。

はてさて、どちらが正しいか？

1000年前か、それとも戦後のことを引き合いに出す方が正しいのか。

私たちユダヤ人は数千年前のことを引き合いに出す。

中国よりももっと古いことを引き合いに出す。つまり領土問題は「何千年前、1000年前、何百年前は私たちの領土だった」とみなが言うのである。

ユダヤ人は4000年前のことを覚えている。4000年前のことを勉強するためにヘブライ聖書がある。4000年前の苦労を民族の苦労として今でも嘆き悲しむ。

それを忘れないためのいろいろな行事、儀式、勉強を毎日する。

こういう尺度から言えば、中国の主張の方が正しいということになってしまう。**領土とは結局は武力でもって実効支配をしている国のものだということになるのが歴史上の事実である。**モーゼに連れられてユダヤ人たちがエジプトから脱出し、40年間砂漠をさまよって神から与えられた約束の地カナンに何千年も前に入った。

つまり実効支配をしたのである。その土地に定着して実効支配をする。軍事力、武力を使ってそこに国旗を打ち立てる、兵を置く、住み着く。こういうことでない限りは誰もそこを領土だと主張できないのは冷静な歴史の教えるところである。

このように日本以外の世界では数千年、1000年、2000年、3000年、4000年前の歴史をもってどこの領土だったかと決めるのが普通である。それが嫌なら日本は海上保安庁ではなく自衛隊の武力で尖閣を実効支配することだ。

理屈ではなかなか説得力を伴わないのは北方領土の問題とて同じである。北方領土は我が国固有の領土であった。ところが今はロシア人が住み着いて軍事基地化してしまい、実効支配をしている。日本人は一歩も入れない。

とすれば、国際社会の冷厳な見方からすれば、それはロシアの領土ということになる。日本固有の領土でありながらロシアが実効支配する地域、これを国際社会ではロシアの領土という。

国際社会、特に国と国との間の関係は武力を伴わない理屈や正義論が通用しないところである。

通用するのはすべて武力、金の力、そして仲間の力である。

金の力は今の日本の経済的困窮を見ればまったく未来に光が見えない。新型コロナウイルス対策で軍備に回す金はない。それどころか借金漬けの国だ。金の力はまったくない。失われた30年、そしてコロナで失われた永遠になろうとしている。次に仲間の力であるが、日本はEU諸国のように仲間を持たない。ASEANの盟主と言ってみたところで誰もなびいてはくれない。周りのアジア諸国は第二次世界大戦の嫌な思い出があるからだ。

善人顔の悪人も、
悪人顔の善人もいる。

二つの顔を持つユダヤ人

ピカソの絵を見たことがあるだろう。二つの顔を持つ人間が書かれている。本当かどうかわからないがピカソはユダヤ人という人も多い。だからというわけではないが、ユダヤ人は二つの顔を持つ。いや、ユダヤ人は二つ以上の顔面を持つ。

ユダヤ人は常に多面的にしか物が見えない。というよりものの見方が常に「These and those are possible（あれも、これも、どれもありえる）」としか考えられないのだ。

たとえば、「コロナは日本経済にとってマイナスだ」と考えると同時に、「コロナは日本経済にとってプラスだ」とも考える。

たとえば、「あいつは善人だ」と考えると同時に、「あいつは悪魔だ」とも考える。

さらにユダヤ人は

「コロナは経済に関係するのか」

「コロナから独立した経済は成り立つか」

「どうすればコロナに左右されない経済生活を送れるか」

と考える。ユダヤ人は、

「そもそも一人にとっての善は他の人にとっても善か」

「善が悪と見られることはあるのか」

とまったく別次元の思考をめぐらす。

4000年経っても人間はそう大きくは変わらない

日本人は善人の顔は仏像のような顔だと決めてかかっている。だから仏像のような顔の悪人はいないと思ってしまう。

しかしユダヤ人は像を持たない民族だから、仏像顔という固定概念がそもそもない。**いや、ユダヤ人にはあらゆる偶像がないから、視覚的な固定概念がないのだ。ユダヤ人は、善人顔の悪人も、悪人顔の善人もいると考える。**

だから常にユダヤ人は物事には二面があり、あれもこれもありと考える。経済を4000年の単位で見ているのはユダヤ人だけだ。日本人は、経済を1日単位で見ている。

だから日本人は物事の両面を見る余裕がない。コロナになるとコロナのことしか頭にない。ユダヤ人は4000年の単位で見るから、コロナもポスト・コロナもない。デフレになってもそれで頭がいっぱいになることなどない。

ユダヤ人は経済・政治・歴史を4000年の単位で見る。

人間の根本的な性質がダーウィンの進化論よろしく一日一日進化して変わっていくなら、日本人の方が得をする。しかしユダヤ人のように4000年経っても人間の根本は変わりがないとするならばユダヤ人の方が得をする。

4000年前の生活と現在の生活の違いは、科学技術の進歩により生活が便利になったことである。他にそんなに違いはない。歩いて行くか飛行機で行くかの違いである。通勤するか、テレワークかの違いである。はたして人間が変わるだろうか。

ユダヤ人はヘブライ聖書の勉強を通じ、人間はコロナ前もポスト・コロナでも変わらないと考える。

人間の真価は
「自分の考え」を
持って一生を終えるか
どうかに表れる。

日本人とユダヤ人の勉強量の違い

日本人とユダヤ人を比較して一番目につく違いは、勉強量の違いだ。

日本人はユダヤ人に比べると本当に勉強をしない。やるのは受験勉強だけで、成人した日本人のほとんどが勉強をせずに一生を終える。

これに対し、ユダヤ人は聖書とタルムードの勉強を一生続ける。この違いは何に表れるか?

それは一言で言うと「自分の考え」を持って一生を終えるかどうかに表れる。

日本人は、各人に自分の考えがあるように見えるが、それはテレビや新聞の影響を受けてマスコミの書いたり言ったりしていることを単に反覆しているだけに過ぎない。

テレビのコメンテーターは日本の新聞しか読まないからその影響を受け、その新聞記者はテレビしか見ないから、結局誰もが人の受け売りだ。各人が自分独自の考え方を持たない。

ユダヤ人は、聖書とタルムードという古典書を子どものころから勉強する。基本軸がしっかりしているので、マスコミの影響を受けにくい分、自分自身の独自の考えを持つ。

ユダヤ人は「私はこう考える」ということを主張してやまない。

ユダヤ人には
群が絶対にできない。
だから、全員が熱狂すると
いう現象は起きない。

仲良しクラブで排他的な日本人
仲良しクラブを作らないユダヤ人

日本人は組織の求心力の働く民族。これに対しユダヤ人は遠心力の働く人々。

日本人は徒党を組みたがる人々。ユダヤ人は分裂したがる民族。

日本人は「一匹狼でいることを恐れる」。ユダヤ人は「群れることを嫌がる」。

日本人は組織の調和、組織の秩序を大事にし、これを乱す者を排除する力が強く働く。

ユダヤ人はその逆である。同じ方向に行く組織を破壊する力が強く働く。

日本の会社や役所なら、課、班、部、局、我が社、我が省の仲間うち（仲良しクラブ）のまとまりが大切であり、そのまとまりを乱す奴《やつ》は、弾《はじ》き飛ばされる力が働く。

したがって、局あって省なし、省あって国なしとなる。まず自分の所属する部署の存続と結束が大切であり、それより大きなもの（これを大局という）はどうでもいい。

典型的な省あって国なしの例は、第二次世界大戦を開始した海軍省の行動だ。日米が開戦すれば大きな権限と予算をもらえ、注目を集めるという考え方のみが海軍省を支配し、日本国の利害はまったく考えなかった。

ユダヤ人なら、まず一人一人が勝手な意見を言うから話がまとまらない。それぞれバラバラの意見が出る。

日本では、このようなてんでんバラバラの組織を「組織としての体をなしていない」「閣内不一致」「舵《かじ》を失った船」「船頭多くして船進まず」などと非難する語句が山ほど続く。

ユダヤ人は、てんでんバラバラの組織が当然であるから、まず確実に組織分裂する。四分五裂する。

ユダヤ人は2人いると3つの派閥ができ、3人いると5つのグループに分かれるとよくいわれる。一人一人が自分独自の主張をガンガン公言し、絶対に相手と妥協などしない。

ではどうするかというと、決裂する、分裂する。

だから、ユダヤ人ではたとえばシナゴーグ内で意見がまとまらないと、対立するグループがそのシナゴーグからおん出てもう一つのシナゴーグを作る。

これをユダヤ人はまずいことだとまったく思わない。

ユダヤ人にとっては、日本人のように全員が同じことを考え、同じように行動する群集を見ると「鰯《いわし》の群」を想像して気味が悪い。

「鰯の群」にはリーダーがいない。頭脳がない。ただ単に群れて右往左往しているだけだ。一匹一匹の文字の通り弱い一匹の魚が群像を作って大きくみせているだけの虚勢だとユダヤ人はみる。

日清、日露から太平洋戦争へと突き進んだ時の日本人は、この「鰯の群」であった。全員が熱狂して群が作る大きな群像が本当の実力だと思ってしまった。中国人を「チャンコロ」、ロシア人を「ロスケ」と蔑称し、「チャンコロ」「ロスケ」は「一撃」で勝てると軍参謀も思い込んだ。

ユダヤ人ならまず群が絶対にできないから、群が作る群像という虚像がそもそも形作られない。だから、全員が熱狂するという現象は絶対に起きない。

もともとユダヤ人はサッカーなどのスポーツで全員が熱狂するような状況は大嫌いだ。ローマ時代のコロッセウムでローマ人がサーカスや剣闘士の戦い、猛獣と囚人の戦いに熱狂していたことを思い出し、多神教者のお祭り騒ぎだと冷たく突き放す。
そういえば、戦争に突き進んだ日本でも戦勲を挙げた軍人を「軍神」と呼んで神扱いしたが、まさに多神教の極みであった。

群衆行動の日本人は、ユダヤ人の小話にある「しっぽが頭に付いたヘビ」と同じである。そのヘビは頭にもしっぽしかないから、指導者がいないため結局山火事の中に突っ込んで行って焼け死んでしまう。

それならば、ユダヤ人のように頭が二つ付いて頭同士が喧嘩《けんか》してバラバラに行動した方が焼け死んだりしないで済む。二つも頭が付いているから少なくとも山火事は見えるので、そこに突っ込んでいったりはしない。

群れる日本人は「皆で力を合わせてがんばっているんだから」という意識が決定力を持つ。プロセス重視の成果無視だ。皆で力を合わせて間違っているとはまったく考えない。「日本海軍一兵卒まで力を合わせて準備したのだから、今さら後に引けない。やらせてやろうじゃないか」とパールハーバー攻撃に至った。

最悪の事態でも、
神の目から見れば、
思いのほか最良最善の
結果である場合もある。

日本人とは真逆なユダヤ人の物の見方

ユダヤ人ほど日本人と真逆の物の考え方をする人種はいない。

だからその対比論は面白い。

外出の時に鍵をかけるのは、もちろん泥棒に入られたりしないためである。ユダヤ人でもそうだ。しかしユダヤ人は何のために扉に鍵をかけるのかということを一日中議論する。

古代のラバイたちはそんな議論をしてタルムードを編纂《へんさん》してきた。一見当たり前のように見えることを別の角度から考えるのである。

もちろん泥棒に入る人間は悪い。しかし扉に鍵を掛け忘れた人のところに泥棒が入った時に、泥棒が罪に問われるのは当然として、**鍵をしなかった方にまったく罪はないのか**とラバイたちは議論する。

ラバイたちはこんな例を挙げる。

今まで真面目《まじめ》に勉強をしてきた苦学生がふと通りかかった家に鍵がかかっていなかったので、出来心が生じて物を盗ってしまった。もし家人が鍵をかけていれば、この学生は道を踏み外すことはなく真っ当な人生を歩んだかもしれない。

この苦学生は警察に捕まって裁判にかけられた。

しかし、「鍵がかかってなかったのでつい出来心で」ということは裁判では弁解にもならない。学生は有罪になり、大学も退学処分に遭い、就職もできず、結局心が荒《すさ》んで、今度は本気で盗みに走るようになってしまった。

再犯で捕まると刑務所に行く年数も長くなり、結局この学生は、刑務所を出たり入ったりの人生を送ることになり、この学生のために何人もの人が物を盗られる被害に遭うことになった。

法律ということからいうと、この鍵をかけなかった人は何の犯罪も起こしてはいない。

しかし、神の目から見るとどうか？

一人の善良な学生の人生を転落させただけでなく、何人もの人がその学生の被害に遭い、警察や裁判所という制度を何回も使わせ、社会的に大変な代償を払うことの原因を作ったことにはならないか？

こう考えると、**鍵をかけなかった人の方が、神の目から見て罪は重いのではないか、**とあるラバイは言う。

不用意に善良な人を罪に誘惑しないように鍵はかけるものなのであるとユダヤ人は議論する。卑近な例でいうと、選挙で買収した人間より買収資金を用立てた者の方が罪は重いとなる。

私たちは、不用意に人を罪に誘惑しないように注意しなくてはならない。そのような罪を犯罪とする法律はない。しかし、ここに神の法というものを置いてみると見方は違ってくる。

実は、この問題ほど、法律とか道徳という人間世界とは別の神の〝法〟というもの、そういったものがあるのではないか、つまりは神の考えをわからせる設問はないのである。法律、道徳というものでは説明できない罪がある。

ユダヤ人の独特の物の見方、つまり別の角度、別の立場から見るということは神の見方をするということと言い換えてもよいが、物事を客観的に見て状況を判断することに役立つ。

よくユダヤ人は「世界で不幸な出来事が起こるのを最初に感じ取り、世界で幸福なことが起こるのを最後に味わう民族だ」と言われる。

この表現は、ユダヤ人が常に別の見方をすることから来ているともいえる。

ユダヤ的複眼思考を得るための3つの習慣

たとえば、10時30分発の列車の出発が11時に遅れていた。

それを知らずに、交通渋滞に巻き込まれ、イライラして大変なストレスを感じて、やっと駅に着いたのが10時50分だった人と、11時30分の次の列車に乗る予定がたまたま早く10時50分に駅に着いた人を比べると、どちらも10時50分に駅に着き、どちらも11時発の列車に乗ったことはまったく同じだ。

しかし、後者の人はイライラもストレスもなく、30分早い列車に乗れて得したよい気分になっている。前者の人はストレス、イライラを感じただけ損をしている。客観的に神の目で見ると、前者の人は明らかに人生を楽しんでいない。

ユダヤ人は人生を楽しむのが神への務めだと思っているので、できるだけ物事を別の角度から見ようと努力する。そうすると、感じなくてよいストレスを軽減できるかもしれないからだ。

ユダヤ人のように物事を別の角度から見られるようになるには、どうすればよいのか？

①歴史を勉強する
②マスメディアやインターネットの書き込みから隔絶する
③議論・討論をする

この中で、現代日本人に一番必要なことは特に②だ。マスメディアやネットは、偏った物の見方を電波や活字で絶え間なく流している。したがって、ぼうっとしていると、マスメディアやネットが伝えている見方しかできなくなってしまう。

ユダヤ人は、①のために何千年もの歴史の詰まったヘブライ聖書を毎日読み、１０００年かけて書かれたタルムードの勉強を欠かさない。要は昨日印刷された新聞や今流されているテレビのように歴史書に接している。

こんな小話がある。

ある時、ラバイが知らない土地を旅していて道に迷い、夜になった。空いている小屋に身を横たえてヘブライ聖書を開き、お祈りをしようとした途端にランプの油切れで、日課のお祈りもできなくなった。

暗闇の中仕方なく眠りにつくしかないと思って目を閉じた時、狼《おおかみ》が来て、連れていた羊を食い殺してしまった。ランプも油切れ、頼りの乳をくれていた羊も殺された。最悪の事態である。

ところがである。

たまたま通りかかった盗賊が、ランプの灯《あか》りもなく動物の物音もしない小屋を盗るものもない小屋だと思い、通り過ぎたのであった。もしランプの油が残っていれば、盗賊に灯火を見つかり殺されていたかも知れない。

もし羊が生きていたら物音に騒いでメーメーと鳴き、盗賊に発見され自分まで殺されていたかも知れない。

今、自分に起こっている最悪の事態でも、神の目から見れば、それが思いのほか最良最善の結果になるかもしれない、だからパニックになることはないという格言である。

事前計画、リスク分散、
事前オプションに
従って
すべて計画的に
行動せよ。

行き当たりばったりの日本人

日本人は行き当たりばったりが好きだ。

「毒を食らわば皿までも」という諺《ことわざ》があるぐらいである。

毒を食ってはならないし、毒を食わないように事前にプランするのがユダヤ人。

ところが日本人は行き当たりばったりで毒を食っても「もうヤケクソだ。皿まで食ってしまおう」という発想が「毒を食らわば皿までも」である。

「雨降って地固まる」などという諺もある。

ユダヤ人は雨に当たらないようにするにはどうするか、あらかじめ事前に考えて行動する。

「ヤケクソ」という言葉が日本にはある。これも起こったことに対して無鉄砲になることをヤケクソという。ユダヤ人はヤケクソなどという言葉を持たない。あくまでも事前の行動計画に従って行動し、状況が変化すれば事前の行動計画に従った別のオプションを取る。

すべて事前の計画が完璧《かんぺき》に練られている。

日本人は日本列島という中で他国から押し入られることなく、内戦内乱はあったものの一応平穏に暮らしてきた。民族ごと拉致されるという経験はない。

ユダヤ人は自分の国を亡ぼされ、他民族に支配され、民族ごと拉致され、都市を蹂躙《じゅうりん》され、散り散りバラバラに世界中に散らばされた。

この経験を有することから、民族の性質として行き当たりばったりなどということはありえないのである。日本人は、モンゴル襲来は神風によって救われたと信じられているぐらいである。神風が吹かなかったらどうなるのかということをもともと計画はしていない。仮に神風が吹かなくても日本列島を失うわけではない、日本列島から追い出されるわけでもない、と考えていた。

しかしユダヤ人の場合はそうではない。

神風などというものが吹いた経験もなければ救われた経験もない。唯一モーゼというユダヤ人の男が民族を救い出した。それも奴隷状態からやっと救い出されただけである。

したがってその救出劇も極めて事前に周到に練られていた。エジプトのファラオがこう出ればこうする、このように仕返ししてくればこうする、という計画がモーゼと神との間で事前に周到に練られていた。ただモーゼはその計画に従ったのみである。

事前計画、リスク分散、事前オプションに従ってすべて計画的に行動するのがユダヤ人。

日本人は太平洋戦争を始めた時もそうだったが、アメリカ人、ロシア人、中国人は日本軍が一撃を食らわせれば縮み上がると、大本営参謀本部の三宅坂から津々浦々の国民に至るまで思い上がった。

事前の計画というものが戦場での戦闘計画にしかすぎず、戦争全体をどのような方向で終結させるか、そして仮に負けた場合にどのような形で負けることがよいのか、その場合に自分の国はどのような変更を余儀なくされるのか、などという事前計画はまったくなかったに等しい。

言葉の裏にある相手の
感情を察したり、
忖度《そんたく》するのは
いいことではない。

ユダヤ人から学ぶストレスを溜めない方法

日本人の美点・美徳は、相手が言った言葉の裏にある相手の感情をすぐに察し過激な反応をしたり、あるいは察したところに基づいて悩んだりする点である。

これに対して言葉民族のユダヤ人は、相手の言葉の裏にあるものや行間にあるものを察しようとはしないで、ただちに表面的な言葉で反応する。

たとえば、上司が部下に「おい、あれはやったか?」と聞いたとしよう。

この場合、日本人の部下は、やっていないことを責められている、早くやれと言われていると思う。「申し訳ありません」とまず詫《わ》びる。そしてプレッシャーを感じてしまう。極端な場合、ノイローゼになったり、ストレス症候群になったり、あるいは鬱病《うつびょう》になったりする。

ところが、ユダヤ人は「おい、あれをやったか?」と上司に聞かれたら、「やっているか・やっていないか」が答えであるから「やっていません」と答える。それで仕

舞いである。

そして、その質問に対して、早くやれと言われているとも思わないし、遅いことを非難されているとも思わない。単に「やったか・やっていないか」を聞かれているだけの質問だとしか思わない。

さらに「なぜやっていないのか？」と突っ込んで聞かれても、ユダヤ人ならやっていない理由を淡々と説明するだけで、「早くやれ」と言われているとはまったく思わない。「こんな仕事の遅い奴は会社から出て行け」というふうに言われているともまったく思わない。

日本人は「何でやっていないのか」と聞かれると「申し訳ありません。今日残業してでもやります」と大変な非難を上司からされていると思ってしまう。そして先ほどのように鬱病になったりする。

ユダヤ人の場合には、「何でやっていないのか」と聞かれれば、やっていない理由を聞かれているだけだと思い、やっていない理由を淡々と述べるだけである。

いちいち忖度しない練習をしよう

たとえば、こういった例もある。

ユダヤ人が電話で話している相手が「別の電話がかかってきた」と言って、そちらの電話に出たとしよう。

日本人なら相手が自分の電話に戻ってくるまでイライラして待ってしまうだろう。「随分長く待たせるけしからん奴だ。無礼だ」と思う。

ユダヤ人の場合は30秒も待っていて相手が電話口に戻ってこなければサッサと電話を切ってしまう。そしてサッサと他の仕事に手をつける。そして頃合《ころあ》いを見てもう一度電話をするか、向こうからかかってくるのを待つ。切ってしまったことは少しも悪いことではないと思っている。

日本人の場合には、一方的に切ってしまうことは大変失礼なことだと思うから、いつまでも電話口で待っている。そして自分がイライラして、その自分の感情がストレスになる。胃が痛んだり血圧が上がる。

結局、日本人の場合は相手のことを慮《おもんぱか》る、忖度する、配慮する、察するという民族だから、どうしてもストレス民族、鬱病が多くなるのではないか。

一度、日本人はユダヤ人のように相手のことを慮らないで、相手の言葉をそのまま受け取り、その言葉の発せられた裏にあることや、相手がその言葉を発した時に持っている感情などを推し量ることをやめたらどうだろうか。

そして、自分の感情がイライラすることや自分の感情がストレスを持つようなことは、相手にどう思われようと構わないからサッサとやめるということをしたらどうだろうか。

先ほどの例でいえば、いつまでも待たせる相手の電話はサッサと切ってしまう。

相手もそうして別に不愉快だとは思うまい。また電話をすればよいのだから。

第5章

4000年の叡智が教えてくれること

ある人の人生が
神にどれだけ
祝福されたかは
「褒めた人の多さ」に
よって測られる。

ワルシャワのシナゴーグの壁の言葉

先日、ポーランドのワルシャワの安息日の食事に出席した。

ポーランド、ワルシャワのシナゴーグの壁に次のように書いてあった。

「ある人の人生が神にどれだけ祝福されたかは、その人がその人生においてあげつらった人の数の多さによって測られるのではなく、褒めた人の多さによって測られる」

この言葉を今の若者に特に知っておいてもらわなければならないと、筆者石角完爾は思う。いや、すべての人に知っておいてもらわねばなるまい。

とかくこの世はSNSで人のことをあげつらう書き込みしかしない人々で満ち満ちている、とかく人のことをあげつらうコメンテーターやレポーターやニュースキャスターでテレビ、ラジオは満ち満ちている、と石角完爾は思うからである。

身近な人の間で、その身近な人の中に価値を見出さない、価値を認めない、褒めない。それどころか逆に相手の欠点ばかりをあげつらう、こういう人が多いように思う。たとえば、夫が妻をあげつらう、親が子どもをあげつらう、子どもが親をあげつらう、妻が夫をあげつらう。

ユダヤ教では他の人の中に価値を見出すことがユダヤ人の義務であるとされている。これは非常に明確なユダヤ教の教義であり、なぜならばヘブライ聖書で「すべての人は神が神自身に似せてお創りになった」とあるからである（「創世記」第1章第27節）。

つまり**すべての人を神は自分の姿に似せて創られた。神はすべての人に善性を潜まされたのである。それを見出しえないのは、見出しえない人の善性が曇っているからである**とユダヤ教では考える。

相手のことを「褒めちぎる」方が楽しい人生になることは間違いない。

バラバラであることは
素晴らしい。
統一されていることこそ
気味が悪い。

ユダヤ教にとって「70」という数字の持つ意味

結論から先に言おう。

「70」という数字はユダヤ教にとってバラバラという意味である。

バラバラとは不調和、不一致、不統一、各人がまったく違った方向を見る、という概念である。これは日本人が最も嫌う状況だ。

バラバラとはカオスをいう。混沌《こんとん》としているということである。日本人はすぐに閣内不一致だとか、調査、意見の統一、和、「和を以《もっ》て尊しとする」という。

ユダヤ教では「70」という数字はバラバラを意味する。しかしユダヤ教では実にこれが日本とは反対で、積極的な肯定的な意味で捉えられている。

裁判官全員一致での死刑判決は正義か？

たとえば大洪水が引き、ノアの方舟《はこぶね》からノアが出てきた時には、ノアは70人の子どもたちを連れて出てきたといわれている。ノアの70人の子ども、これが現代の世界における人類の起源になった70人であるといわれている。

また、バベルの塔を神が壊された時に、神は世界の人類を70の国、70の言語にバラバラにされたとヘブライ語聖書には記述されている。それを神がよしとされた状態であるから、この「70」すなわち「バラバラ」ということは神がお望みになった状態を言っている。

また、ユダヤ教ではトーラ、ヘブライ聖書の解釈には70通りの解釈があるという。トーラに至る道は70通りの道があり、70通りの門があるといわれる。トーラには70通りの顔がある。有名なヘブライ学者のラビ・アキバ（紀元1世紀末から2世紀にかけて活躍した）はそう言っているのである。70通りの学ぶ方法がある。70通りの解釈がある。

つまり、ユダヤ人にとって民族の基本書トーラは一人一人のユダヤ人が一人一人の考え方で勉強するものであるというのがユダヤ教の考え方である。

バラバラであることはユダヤ人にとっては実に素晴らしいことなのである。統一されていることこそ気味が悪い。ユダヤ人の最高法院サンヘドリンは70人の裁判官によって構成されているが、なぜ70なのか。バラバラである裁判官の考えが望ましいということから来ている。

考えてもみたまえ。

70人の裁判官がすべて全員一致で死刑判決を出すなどということは、はたしてそれが正義であろうか、とユダヤ人は考えるのである。70人もの裁判官が全員一致で死刑判決を出すということは買収されたに違いない、変なことである、おかしなことである、というのがユダヤ人の考え方。

これに対して日本人は、全員一致で出されたものは正しいことと考えるのであるから、ユダヤ人とはまったく対極的な民族である。

善と悪とは
常に手を取り合って
行動している。
手を放したことは
一度もない。

善人と悪人は同一人物

ヘブライ聖書に出て来るノアの方舟の話をご存じだろう。

神がお怒りになり、この地上に大洪水を起こされたが、ノアの方舟にだけは男と女、そして動物も一つがいずつオスとメスを乗せられた。最後に「善」がノアの方舟に乗ろうとしてやって来たが、神は「カップルでしか乗せない」と言われ「善」の乗船を拒否された。そこで「善」はもう一人の「善」を連れてきたが、神は「善と善はカップルではない」と言われ再び乗船を拒否された。そこでやむなく善は大嫌いな「悪」と手をつないでやって来たところ、神は「よし」と乗船を許された。

ノアの方舟には、すべてカップルでしか乗船できなかった。

そこで「善と悪が、苦と楽が、薬と毒が、福と禍が、富と貧が」カップルで乗ってきた。

だからこの世界には常に二つが存在するのだ。

しかも善と悪、苦と楽、福と禍、富と貧が手をつないで存在するのだ。二つが別々に存在しない。矛盾する二つが常に一緒にいるのだ。

このヘブライ聖書にあるノアの方舟の話、善と悪、毒と薬、苦と楽などが全部対になってノアの方舟に入ったという話の教えは非常に興味深いものがある。

善人と悪人が別々だと受け取ってはならない。

ノアの方舟に善いものと悪いものとが対になって乗ったということのユダヤ人の教えは、善いものと悪いものとが同じ顔をしているということである。

悪魔が善人の顔をし、善人が悪魔の顔をしているということである。この区別が普通の人にはわからない。往々にして善人の顔しか普通の人には見えない。

あなたのその「努力」は
現世的な利益、
ご利《り》益《やく》を求めるもので
あってはならない。

モーゼが約束の地を目の前にして息絶えた理由

モーゼは40年砂漠をさまよった挙句、やっと約束の地に到達した。神に呼ばれてモーゼは「ネボ山という山に上がれ」と言われ、その頂きに立った。そうしたら、眼下にその約束の地を見下ろすことができた。

神はモーゼに言われた。

「見よ、これが目指してきた約束の地だ」

モーゼもうれしくなって涙が出た。

ところが、その次の瞬間、神の言った言葉が史上最高の残虐な言葉である。

「だがお前はこの地に入ることはできない。ここで死ぬ」

そしてモーゼは約束の地に入ることなく、これを見ただけで息絶えてしまった。

その生涯を閉じたのである。

この神の行為をどのように解釈すればよいのか、ということが後世のヘブライ学者の最高の命題の一つであった。

なぜなら、神が人の寿命を決めておられるならば、何もそんなむごい瞬間に寿命を神が設定されるはずがないではないか。

それならば、もうあと何日間か寿命を延ばしておかれてもよかったはずだという議論がある。

モーゼの死に方にみる「努力」の意味

では私の解釈はどうか。

これは「寿命」とか「罰」とかというのではない。

モーゼの死の時期については、ユダヤ人に対して最も重大な教えを神がモーゼを使って示されたのだ、というのが私の解釈だ。

それはどういう教えか。

人間は一生懸命努力をしなければならないという教えである。

たとえばユダヤ人ならばトーラの勉強を欠かしてはならないし、シナゴーグにも出席しなければならない。毎日の祈りもある。貧しい人には恵みを施さなければならない。見ず知らずの人は歓待し、病人は見舞いに行かなくてはならない。

しかし、**これはすべて現世的な利益、ご利益を求めるものであってはならない**ということを神が示されたのである。

一部の信仰では合格祈願だ、商売繁盛だとすべて現世的な利益を求める。

つまり、自分の身に不幸が及んでこないように祈り、そして自分の身に幸福がもたらされるように、自分の家族に幸福がもたらされるようにと祈る。

ユダヤ教ではこれを厳しく戒めたのである。それが、このモーゼが約束の地を目の前にして息絶えたというユダヤ教の象徴的な物語に表れている。

では、来世の利益、来世の平穏を求めるのか。それがユダヤ教なのか。とすれば、何か仏教とユダヤ教が共通してくるように思えるが、ユダヤ教はそうではない。

子孫たちが夢を実現するように、今自分が苦労しなければならない。戒律を守らなければならない。トーラの勉強を欠かしてはいけない。そうすれば、お前の子孫は近い子孫も遠い子孫も約束の地に入ることができようというのがユダヤ教の教えである。

こう見てくると、**アップルのスティーブ・ジョブズ**とモーゼは非常に重なるものがある。

スティーブ・ジョブズも約束の地を眺めたところで命がついえた。iPhone、iPadの成功を眼前にしてすい臓がんで亡くなった。

しかし、彼の経営哲学は子孫に引き継がれていく。子孫とは何もティム・クックだけのことではない。何万人というアップルの社員、何千万人というアップルのユーザー、そしてタッチ・パネル、iPhone、iPadという人類史上画期的な革新をもたらしたことにより、世の中が少しでもよくなる。

これが約束の地であり、それをスティーブ・ジョブズは眺めて命がついえた。

モーゼも同じである。

もしスティーブ・ジョブズが、株式上場益だけを狙うような現世的利益の追求者であるならば、逆にもう少し寿命が長かったのではないか。

神は誠に大きな皮肉をもって私たちに物事を教えておられる。

調子に乗るなかれ。
誰のお陰と
思っているんだと
神はお怒りである。

人間の傲慢《ごうまん》さへの警告

ノアの方舟の後、人間はまた忘れたかのように、物質的繁栄のみを求めるようになった。そのころ、人間はアダムそしてイブという共通の祖先から生まれていたために、当然言語は一つであった。これが人間を傲慢にした。

言語が共通であるために、富める者はますます富み、その金の力で多くの労働者を雇い、今のイラクのバグダッドの近くの町であったが、大変な都市的繁栄を実現した。彼らは相互に相談しあって天まで届く塔を作ろうと言い出した。

そして高い高い塔を作り出した。

神はこれを天上から見られて、こうお怒りになった。

「またか。この間大洪水を起こして地球にはびこった人間どもの悪をリセットしたはずなのに、またやり出したのか。どうしてかくも人間は物質的繁栄だけを求め、富を集中させ、都市を作り、繁栄をすると、神に挑戦するかのように高い塔を作ろうとするのか」

「ワシが虹《にじ》で約束した、二度と洪水を起こして地球上の人間を亡ぼしたりしないというのはあくまでも条件付きであった」

「人間がその物質文明に溺《おぼ》れ、重要な神の存在を忘れ、あたかも自分が宇宙の支配者のように振る舞い、地上はすべて人間のためにあるというふうに誤解をしてしまわないように、あのノアの時代に大洪水を起こして人間を殲滅《せんめつ》したのに、またぞろやり始めたわい」

「よし、それならば、あのバベルの塔を壊してしまおう」

「そして二度と人間どもが自分が地上の支配者であるかのように勘違いしないように言葉をバラバラにしてしまおう。そうすれば、二度と物質的繁栄を極めることはできなくなるだろう」


このように仰せられ、人々の言葉をバラバラにしてしまった。途端に、人と人とは言葉が違ってしまい、会話ができなくなり、それ以降バベルの塔を完成させることはできなくなってしまった。

このバベルの塔の物語は一体何に対する警告と見るのか？

一般的なタルムードの見方は、人間の傲慢さへの警告、人間の物質文明、富の追求という欲望への警告と言われている。物質的繁栄、富、栄華を求める人間の欲望に対して警告を発し、よりスピリチュアルなものへの配慮を人間が忘れないようにするための警告だと言われている。

くだけた言葉で言えば、**「調子に乗るなよ、誰のお陰だと思っているんだ」**ということである。

そういえば、物質的繁栄を求める国々において、高さを競うかのように超高層ビルがそびえ立っている。世界一の高さを求める国々はさしずめ現在のバベルの塔か。

人が人の作ったものを
崇め立てる。
偶像に屈服する
人間でよいのか。

偶像崇拝に対するアブラハムの言葉

ユダヤ教徒第一号のアブラハムは、生家の親が偶像の置物を売って生計を立てていたことに反発し、売り物の彫像をすべて叩き割ってしまった。

「お父さん、自分の言ったことをもう一度かみしめてくださいよ」

「こんな偶像に力などあるわけがありませんよ。なのにあなたは人々がこれを拝む、崇める、奉《まつ》るために売るということは一体どういうことですか？」

「人が人が作ったものを崇め立てる、この偶像ですよ、お父さん、あなたが作った。それって変じゃありませんか？」

「お父さんが作ったこの偶像、銅像、石像は富の象徴だったり、強いものの象徴だったり、権力の象徴だったり、いろいろな偶像をお父さんは作っておられますよね」

「人がそういうものを拝むということは、そういうものに屈するということではないのですか」

「それっておかしくありませんか？」

このアブラハムの言葉こそ、偶像崇拝禁止の哲学を説明している。

信仰と科学は何一つ
相反することなく
宇宙の調和を
形作っている。

ユダヤ教から見たビッグバン理論と進化論

キリスト教の一部では進化論を否定し、学校教育で進化論を教えてはならないとしているアメリカの州もある。

保守的なキリスト教の考え方では、地球に現存する生物の多様性はすべて進化の結果に出現したものではなく、神があらゆる生物の種を設計されたものであるという。

これに対してユダヤ教では、少なくとも私を教えて改宗に導いてくれたラバイは、ユダヤ教と進化論、ユダヤ教とビッグバン理論はまったく矛盾しないと考えている。

まず第一にビッグバン理論であるが、それは宇宙が創造された過程を科学的に解明しようとする理論であり、神が宇宙を創造されたとするユダヤ教の考え方とは何ら矛盾しない。

こう言うと、ある科学者は「宇宙の創造が6日間というヘブライ聖書の創世記の記述は矛盾している、ありえない」と言うが、私は創世記における天地創造の1日が現代世界における24時間とは限らないと反論する。

現に創世記によれば、昼があり夜があるという状況に宇宙が創造されたのは4日目なのである。しかもその1日というのは、神の目にとっての1日であり、現代にいう24時間ではない。

またある科学者は、アダムとイブは土から創られたというヘブライ聖書の記述に噛《か》みついて言う。「生命は藻のような単細胞から進化を遂げて人間にまで至ったのだ」と。

ユダヤ教でもその通りである。

土というか埃《ほこり》のようなものから神が人間をお創りになったとヘブライ聖書では書かれている。その過程が単細胞から進化したというのは、その神の行為を科学的に解明しようとする理論であり、それが進化論であると考える。

私は、ユダヤ教は科学が答えようとしない問題に答えていると考えている。

宇宙はなぜ創造されたか、人類はなぜ進化を遂げて今に至ったのかという問題である。

ビッグバン理論も進化論もこの「なぜ」に答えてはいない。

もし、進化が偶然の産物であり、ビッグバンもまったく偶然に起こったというのが科学者たちの主張であるならば、その点においてのみユダヤ人たる私は科学者の理論を否定せざるをえない。

宇宙の創造も生物の進化もすべてが偶然であるとはユダヤ人の私は考えない。そこには神の何らかの目的が存在すると考える。

この点についてユダヤ人哲学者のマイモニデスが彼の有名な『The Guide for the Perplexed』の中（第2章第25節）でこの問題について触れている。

マイモニデスの考え方も科学と宗教とは矛盾するものではないというのである。ユダヤ人の私は次のように主張する。

すなわち、ヘブライ聖書のいかなる一節も科学と矛盾することはないし、科学はヘブライ聖書と矛盾することもできない。

なぜならば、科学も神が創られたものであるからである。

君が生まれたのは
偶然か。この宇宙には
確固たる「目的」が
あるというのに。

宇宙は偶然の産物ではない

「生物、人間という種が地球に存在するのは偶然の出来事か」

これに対するユダヤ教からの答えは非常に明快である。

もし君自身の存在、すなわちこの世に生まれた、生を受けたのがまったく偶然であるとするならば、君が生まれたこと自体にも目的性がないことになる。

もし君がこの世に生まれたことに何らかの意味があり、目的があると考えるならば、君という生命を育《はぐく》んだ地球も、そして地球が存在する太陽系も、太陽系が存在するこの銀河系も、そして宇宙全体も何らかの目的を持って存在していると考えるほかはない。

そしてその目的を持った者が神という存在であると考える以外にない。

なぜならば、神はその存在自体が目的であるからである。

金を持つほど「偶像」を
愛する。なぜなら
貨幣そのものが
「偶像」に過ぎないからだ。

ユダヤ教と花を飾ることとの関係性について

ユダヤ教と花を飾ることとの関係について考えてみる。

日本の仏教では仏壇や仏殿に花を飾る。

これに対して日本の神道では榊《さかき》を飾ることはあっても花は飾らない。

イスラムでも花は飾らない。

ユダヤ教でも花は飾らない。むしろご法度である。唯一飾るのが許されるのはユダヤ教ではシャブオットの祭りの時の緑の葉っぱが多い花飾りである。

なぜ、イスラム、ユダヤ教では花を飾らないのか。


ところでその前にキリスト教ではどうか。カトリックでは花を飾る。

しかし、プロテスタントでは花を飾らない。偶像崇拝を行わないため祭壇の飾りも質素である。

なぜか？

私はユダヤ人だからユダヤ教についてその理由を言っておこう。

まず第一に、植物そしてその植物の一部である花は神の被創造物であり、それを人間が楽しむ目的で刈り取る。すなわち殺すということを神が善しとしておられるかということを考えた時、答えは「Ｎｏ」である。

なぜならば、ヘブライ聖書では植物は人間が生きるためにどうしても食べなければならない時に食べるもの、と位置付けされているからである。

人間の目を楽しませるために、あるいは綺麗《きれい》だから、という理由で花を刈り取るというのはその植物の再生行為、すなわち花から実がなるわけだから、それを遮断することになり、神の望まれるところではないと考える。ガーデニングならよいが生け花は駄目となる。

2番目の大きな理由は、最もこれが大きな理由であろうと思うが、**花を飾るということは花を愛《め》でる、何か具体的な物を愛でるということになり、偶像崇拝につながるからである。**

偶像崇拝を禁止するユダヤ教では、したがって花を祭壇に飾るということは一切ない。

ところで日本の神道も同じような思想から花を飾らないのではなかろうか。少なくとも、昔は日本人であった私は神宮に花が飾られるのを見たことはない。

偶像崇拝は人間の間に階層を作り上げる

3番目の理由は、**人間の間に階層を作る恐れがある**ということである。

ユダヤ教では神と人間の関係しか認めない。

したがって、たとえば立派な花がたくさん添えられている人は偉い、上流階級だ、支配者だなどということにつながりかねない。あるいは過去の死者をより多くの花で飾ったものが立派な人であり、神様になるという行為につながりかねない。

花の多寡が人を差別し、また死者を神に祭り上げる恐れがある。

そういえば、偲《しの》ぶ会などと称するものが大金をかけてホテルで行われ、偉い人ほど沢山の花で写真の周りが飾られている。これはユダヤ教ではありえない現象だ。

日本では生け花や華道というものがあるが、そういうことがいけないという宗教もあることを日本の皆さんは知っておいてほしい。少なくともイスラム、ユダヤ教、そしてプロテスタントはそうだ。となると、日本以外のほとんどとなる。

もともと、武士道も禅宗も花を飾ることはなかったのではないだろうか。

そして日本人の大和心も、土に埋まって根を張って生きている桜の花を愛でるということではなかっただろうか。

それが今は金にまかせて生け花やバンケットといって花を飾る。

それは日本人古来の本来の生き方であろうか？

日本では「〇〇〇を祝う会」などの壇上に多くの花が賑々《にぎにぎ》しく並んでいる人がセレブであったり、身分の高い人であったり、金持ちであったりする。

ユダヤ教はこういうことを最も嫌うのである。

コロナをきっかけにホテルのイベントなどで大量の花飾りを競うようなものがなくなっていくのは正しい方向だ。

目を閉じよ、
耳をふさげ。
すると本質が
見えてくる。

「パブリシティ」と「真の価値」の相反性

ユダヤ教は「パブリシティ」と「真の価値」は相反すると教える。

わかりやすくいえば、**本当に価値のあるものは人の注目を浴びない。人の注目を浴びて持てはやされたものには本当の価値はない。**

実は有名な十戒が刻まれた石板は二度作られている。

一度目はハリウッドの有名な映画『十戒』でもその場面が描写されているところである。

例のモーゼがシナイ山に上がって行き、神の啓示を受けて神がシナイ山の岩に十戒を刻まれ、その時の音は下界にいるユダヤ人にも響きわたった。

ところが例の「金の子牛像事件」（出エジプト記・32章）がその直後に起こり、神はこの十戒が刻まれた石板を自らの手で破壊されてしまった。

そして、二度目に誰の注目も浴びずモーゼがシナイ山に上がって行き、自ら切り出した石板に神が言われる通りに、自ら十戒の言葉を静かに人知れず刻んだ。その石板こそ、その後ユダヤ人に受け継がれ、現代に至った十戒なのである。

人の注目を浴び、大騒ぎして登場した最初の石板は直後に粉々に破壊されてしまった。しかし、一人静かにモーゼが汗を流して刻んだ石板は破壊されずにユダヤ人たちに受け継がれたのである。

ヘブライ聖書には後世にいろいろな条文注解書が作られているが、その一つに「Me'am Lo'ez」という17世紀のトルコで編纂されたものがある。これはかなり有名な注釈書で、この上記の二つの十戒の石板の物語が言わんとする哲学を下記のように説いている。

人の人生において重要で、そして永続するものは、ひっそりと人々が汗を流して成し遂げられたものであることが多い。ファンファーレ、赤絨毯《あかじゅうたん》、人々の注目を浴びたパブリシティがあるものは永続しないことが多い。

私たちは物事の外部に輝くその輝きと有名であるということから、その物事の価値を判断してはならない。

物事が永続する価値を持つということは、時として密《ひそ》かに隠されて小さく人々が気付かない精神的洞察、精神的な内容物であることが多いのである。

この「Me'am Lo'ez」の説いているところを、わかりやすく説明すると、次のようになる。

有名な人の言うことは信用するな。
テレビで流されていることは信用するな。
何十万部も売れている本や新聞、雑誌に書かれていることは読む価値すらない。
SNSでフォロワーが多いということには価値がない。

現代の人たちは永続させるために人の注目を浴びようとする。しかしユダヤ人は永続させるために人の注目を浴びないようにする。

どこかこのユダヤ人たちの哲学は京都人の哲学に似ているところがある。

京都人はよいものはこっそりと隠して蔵の中にしまっておく。その蔵も表からは見えないように裏庭に密かに作られている。門構えも狭く質素で、お客が通される所は粗末な土間と玄関口。そして細長い台所と居間があり、裏庭がある。その裏庭の向こうに土蔵が建てられ、その中によいものが密かに隠され、数百年息づいている。これが京都の文化である。

ユダヤ人はこれを精神文化にさらに高揚させている。

本当に価値のあるものを永続させるためには密かに静かにしておくことである。

逆に言えば密かに静かに作られたものこそ価値があり、永続するのである。

目を閉じよ、耳をふさげ。

そうすれば本当に価値のあるものがわかるはずだ。

海外で認められるためには
一個人の民族性、
宗教性が必要となる。

石角完爾はなぜユダヤ教徒になったのか

私がユダヤ教に改宗した理由の一つに、**倫理価値観の世代間伝承**に興味を持ったということがある。

どういうことかというと、ユダヤではユダヤの倫理的価値観、たとえば、親を敬う、老人を敬う、社会的弱者を保護するといった社会的倫理的価値観を、祖父、祖母がお父さん、お母さんに小さい頃伝承し、そして父母が子どもに伝承していく。

伝承とは伝え、守らせ、実行するようにするということである。

この社会的倫理的価値観の家族間伝承はキリスト教社会でも強力に行われている。おそらくイスラム社会でもそうだと思う。だから、皆さんが旅行されてわかるように、あの乱暴な国アメリカでも、老人が乗って来ればバスや電車の椅子は若者がすぐに席を譲る。気付かない若者に対して周りが声をかける。

一方、日本ではこういった家族内伝承がまったくなされていないと思われるので、たとえば席を譲るということについては、駅のポスターに掲げられている標語だけが伝承の唯一の方法であるためか、若者が席を立つということがあまり行われない。当たり前である。駅のポスターぐらいでは社会的伝承はなされないのである。

この家族内伝承による倫理観の社会的伝承ということは何も席を立つということだけではない。あらゆる倫理的価値観が日本では家族間で伝承されない。

したがって、倫理的価値の普及と伝承はすべてがお上、つまり役人任せとなってしまっている。

社会的伝承がなされていない国が仮に経済的に成功しても、こういったことは精神面での、あるいは倫理面での未熟さを表してしまう。

私が民族性、宗教性が必要であると実感させられた事件

何年か前、アメリカの大学に通っていた私の娘と、日本のある一流企業の会長（当時70代後半）がセミナーの席で大激論をした。その会社が私のクライアントであったのでハラハラした。

論争の発端は娘が、

「アメリカの学校では授業中にトイレに行くこともコーラを飲んだりすることもサンドイッチを食べることも先生はまったくとがめない。ところが日本の学校の授業ではそういったことをとがめる。しかし重要なことは、授業にどれだけ集中するかということではないか」

と言ったところ、その会長が、

「お前のような議論は日本では通らない。日本では規律ということが重要だ。授業の内容を理解し、先生の言うことを集中して聞くということよりもクラスルームの礼儀作法、規律が重要なのだ」

と言ったので大激論になった。

つまり、日本では礼儀や規律は学校で教えることが前提となっている。学校で教えるということは、先生つまり公務員（＝国・役人）が教えるということだ。

日本人は恐らく今後もあまり倫理的価値観の家族世代間伝承を中心とする宗教を必要としないだろう。それは国や会社という組織が民族性、つまり倫理的価値観の伝承の中心になっているからだ。

したがって、国や会社が宗教と家族に取って代わっている。

私のように組織に属さない者で海外に長く出る者は、どうしても民族性、つまり宗教性が必要となってくる。そうでないと世界では居心地が悪いということになってしまうからだ。

それが**ユダヤ教に改宗した一つの理由**ではある。

ヘブライ聖書は世界最古の医学書

私がユダヤ教に改宗したもう一つの理由がある。

私は法律を職業とする弁護士であり、またアメリカの正式な資格を持つ教育コンサルタントである。そして個人的にはイスラエルの最新医療を研究している。

法律、教育、医学。この三つを歴史的に遡《さかのぼ》っていくと、三つはすべて1点に歴史の始まりで交わる。それがユダヤ教である。

ユダヤ教の聖典であるヘブライ聖書は世界最古の医学書であり、法律書であり、そして教育書である。

世界で最初に法律を現代の近代法の形に近いものにまとめたのはユダヤ人であり、

また、義務教育を最初に制度化したのもユダヤ人である。

そして、医学とくに感染症対策を最初に、呪術師《じゅじゅつし》というようなシャーマン的な形ではなく、科学的・疫学的に始めたのもユダヤ人である。

私は必然的に法律、教育、医学に関わる人間としてユダヤにたどり着いたといえる。

これが私がユダヤ教に改宗し、そしてユダヤ人になった理由の一つである。

神の前では
人は
等しく平等である。

ほとんどの外国人に対して差別用語を持つ日本の不思議

日本人は昔から外国人の差別用語を多く持っている。

「クロンボ」というのは黒人に対する差別用語である。「チャンコロ」というのも中国人に対する差別用語である。「アメ公」はアメリカ合衆国のアメリカ人に対する差別用語、「ロスケ」はロシア人の蔑称。「クイチ」というのはユダヤ人に対する差別用語である。「チョンガー」とか「在日」というのも朝鮮人に対する差別用語である。「バカチョン」もそうだ。

これほど外国人に対してすべての国々を網羅するほど多様な差別用語を持つ国は世界に類を見ない。日本人は白人のことを「毛唐」「シロンボ」と言っている。「鬼畜米英」とアメリカとイギリスを鬼と畜生にたとえる。これは今でも日本に存在する。

一方、ユダヤ人は外国人などに対する差別用語を持たない。逆にユダヤ人は差別されており、差別に反対しているからである。年齢でも差別しない。当たり前だ。神の

前では歳など関係ない。

ところが、最近あるユダヤ人の友人から痛烈な指摘を受けた。

「欧米ヘッジ・ファンドのことをハゲタカ・ファンドと日本人は言っている」

「そのハゲタカにむしり取られたと言いたいんだろうが、ハゲタカは死肉にしか群がらないことを日本人は忘れているんじゃないだろうか」

「我々ユダヤ人の運営するファンドのこともハゲタカと言っているが、取りも直さず自分のことが死肉であることを言っているのと同じことだ。世界中の人が笑っているよ」

確かにハゲタカとかハイエナという言い方で、してやられた腹いせを言っているんだろうが、逆に自分のことを死肉であることを暗に認めていることになっているという指摘である。

ユダヤ人の強烈な「日本人の外国人差別用語好き」に対するカウンター・パンチで

はあった。

しかし、コロナが起こってアメリカに昔からあった黒人差別問題が浮かび上がってきた。おそらく、コロナ規制のストレスがトランプ大統領の発言などをきっかけとして、昔からあった白人対黒人の対立を先鋭化させたのだ。

石角完爾が心配しているのは、コロナがきっかけとなり、日本に昔からあった外国人差別問題が先鋭化しないかということだ。こういうときは立場のある人間の不用意な発言が発火剤になりかねないので、注意しなければいけない。

結び　単一民族国家である島国「日本」を復活させるには？

　私、石角完爾が「序文」で述べたように、コロナ禍が日本に教えることはきわめて根源的な問題に哲学的な思索をめぐらすことができる人間を育てる教育が必要であるということである。

　そしてそのためには古代ギリシャの偉大な哲学者達のようなレベルの人間を生み出すための教育が日本に必要であり、それは何かということを巻頭で論じたところであるが、結びに代えてさらに敷衍《ふえん》してみたい。

実はギリシャの偉大なピタゴラス、アリストテレスなどの哲学者はいずれもユダヤ教の影響を強く受けているのである。

　実際ピタゴラスは Hermippus of Smyrna（スミルナのヘルミパス・紀元前ギリシャ

の哲学者）によって「ユダヤ人達の考えの受け売りである」と非難されているし、またアリストテレスとユダヤ人との間の意見交換が頻繁にあったことはClearchus of Soli（ソロイのクレアルコス・紀元前ギリシャの哲学者）が明らかにしているところである。

私、石角完爾は日本民族は世界一優秀な民族の一つと考える。

しかし、ただし書きが付く。方向感覚がない。

くだけた言葉で言えば、ハンドリングさえ間違わなければ、日本人は最高級のエンジンを持った民族だといえる。

日本民族は徳川幕府の２１５年の鎖国を脱してはじめて、世界の国々と一気に競合関係に入ることになったが、それまでの長い鎖国状態ですっかり方向感覚を失ってしまっていた。

あたかも地中に長く閉じこもって眼が見えなくなったモグラが、いきなり地上に飛び出してきたようなもので、どっちにハンドリングすれば間違いないかという方向感覚がないまま世界の列強と伍して戦うはめになった。

眼の見えないモグラ状態は令和になっても続いている。

この方向感覚がない国や集団をユダヤ教では「頭に尻尾が付いた蛇」と表現している。目がないものだからどっちに進んだらよいのかわからない、というたとえである。ユダヤはヘブライ聖書というGPSを持つ民族だが、日本民族にはそれがない。

方向感覚のない日本には水先案内人がいた

明治維新以降、方向感覚を失わずにこれたのは、その都度その都度の水先案内人よろしく世界の方向感覚を持った国が日本を先導したからである。

その先導者がいなくなった時には、やはり日本民族は方向感覚を失い、間違った方角に進んで自沈している。

日本がロシアの属国になったかもしれない命運を賭けた日露戦争は、ユダヤ人が日本に対して水先案内人となり、間違った方向に行くことのないよう先導したのである。日本海海戦に必要なほとんどすべての戦艦を調達するための戦費は、ユダヤ人の大金融資本家ジェイコブ・シフ（Jacob Schiff）と、彼の後ろに付いていたユダヤ金融資本ロスチャイルドが提供した。

日本海海戦に必要な戦艦の建造資金および戦艦建造の能力のなかった日本を手引きして、イギリスの軍艦製造所に発注できるように斡旋《あっせん》したのは、彼らユダヤ人であった。

そして日英同盟を結んだことは、大英帝国イギリスというきわめて方向感覚に優れた水先案内人を日本が得たことであったが、日英同盟を破棄して水先案内人たるイギリスを失ってから、日本は地中にいた眼の見えないモグラがいきなり地上にほっぽり出されたかのごとく、まったく方向感覚を失ってしまった。

そして核分裂という最先端技術が戦争の帰趨を決する原爆という核爆弾を製造することにつながるという、きわめて重要な目標の存在すら気づかない無謀なハンドリングが始まり、原爆投下、敗戦という破滅の道を進むことになったのである。

「アメリカ」という水先案内人を得た日本がたどった道

しかし戦後はアメリカという水先案内人を得ることにより、方向を定めるハンドリングはアメリカに任せて、馬力のあるエンジンの製造に邁進したおかげで今日の繁栄を築くことができたが、方向感覚なき優秀民族の集団である日本の現状は令和の時代になっても変わっていない。

第二次世界大戦の帰趨《きすう》を決するのはユダヤ人科学者の研究していた原子爆弾であるという方向感覚のハンドリングをしかと踏まえたのは米英であり、日本は方向感覚なきハンドリングで、残りわずかな戦費を巨砲巨艦の戦艦大和の建造に充ててしまった。

こうした日本の過ちは、戦後日本がアメリカの日本版マーシャル・プランともいうべき朝鮮戦争特需で経済成長して、アメリカが日本を経済的な敵であるとみなすようになり、ハンドリングの手綱を手放すようになってから、悲しいかなふたたび方向感覚なき地上に出たモグラの状態に日本はまたぞろ成り下がってしまっている。

いくつか例を挙げてみよう。

一つは半導体のメモリーチップに邁進した日本企業各社の失敗例である。**方向感覚に優れたユダヤ人経営のインテルは密かにメモリーチップの集積回路製造を手放し、パソコンの頭脳ともいうべきプロセッサチップの製造に舵を切った。**

ユダヤ人の方向感覚の確かさである。

その結果、インテルは世界のパソコンのOS市場を独占。日本は半導体メモリーチップの製造を韓国に追いつかれ、後塵を拝することになってしまった。

方向感覚の優れた人間がトップにいてハンドリングをするかしないかは、企業も国も大きな分岐点になる。

開国から明治維新、日清日露、第一次世界大戦はイギリス、そして資本を提供したロスチャイルド、ジェイコブ・シフに代表されるユダヤ金融資本が日本の水先案内人を担当した。

ところが、日本が満州を侵略し中国本土にまで侵攻したことで、イギリスの国益と対立、イギリスが手を引き、あわせてアメリカの国益とも対立することになり、アメリカと深く結びついていたユダヤ資本も手を引き、日本は国家の進路を決める水先案内人を失った。

そして、原子爆弾投下および焼け野原の敗戦という国家破滅の道を歩むことになった。

戦後はマッカーサーおよび占領軍そして朝鮮動乱まではアメリカのホワイトハウス

およびアメリカ軍が日本の進路を決定する意思決定中枢部を担ったが、朝鮮特需を経て日本が経済力をつけるにつれ、アメリカは日本の水先案内人の役割を放擲《ほうてき》し、徐々に日本を経済的敵国と見なすようになってきたことにより、日本はアメリカ、イギリスという水先案内人を失ったのは前述のとおりである。

そこから日本の迷走が始まる。

エズラ・ボーゲルというユダヤ人社会学者が戦略的に書いた『ジャパン・アズ・ナンバーワン』という書物に騙され、うぬぼれたのだ。

つまりユダヤでいう頭に尻尾がついた蛇の状態になってしまったのだ。そういう状態の日本だったということがコロナ禍でついにはっきりした。

気がつけば産業国家としての舵取りを完全に誤り、戦時中の日本が犯したのと同じような方向感覚の喪失、巨砲巨艦主義が国家の産業政策の方向だと誤り、パンツを履かずに泳ぎ、切り株を守っていたという姿に気づいたのがコロナ禍である。

コロナ禍で日本が気づいたことは、日本が5GやZoomに象徴される先端産業の開発者ではなく、単なるユーザーに成り下がっていたということである。

しかし、コロナ禍のこれからは水先案内人の代役はもはやいなくなったという現状を認識する必要がある。

つまり自らの内から水先案内人たる根源的根本的な日本の進路を感じ取ることのできる哲学的思索を深めることができる人間を生んでいく必要がある。

そのような国家の大きな方向性を決めることのできる人材を生み出す方策については巻頭言で提案した通りである。

日本復活のための秘策「河豚計画」

もう一つの方策をこの巻末言で提案しておきたい。

それは島国単一民族国家である日本の欠点を補う方策である。

詳しく理由を分析することは、この巻末言の性格上不適切であるから結論だけ言うと、**島国の単一民族国家は国家の舵取りを誤ることが多い。それが戦前の日本であり、敗戦というみじめな結末を招いた。**

イギリスは日本と同じく島国であるが、単一民族国家ではない。

スコティッシュ、アイリッシュ、ブリティッシュ、アングロサクソン等が入り混じる多民族国家であり、しかも日本と違い、七つの海を支配した大英帝国の英連邦というアンテナを世界中に張り巡らせている。また、ついこの間まではＥＵの一員であり、ヨーロッパ域内の往来がまったく自由であった。

そこで日本のこの欠点を補うのに一つ参考になるのが、第二次世界大戦の末期において日本軍が計画した**「河豚《ふぐ》計画（Fugu Plan）」**である。

実は非常にわかりやすい河豚計画が、最近の実例として起こっているので、まずそのことを読者にお見せしよう。

２０２０年６月末に香港の治安維持を目的とした国家安全法が成立したことに伴い、自由を求める多くの香港人が海外脱出を図っている。その数は数十万人から数百万人のレベルに達するかもしれないといわれている。

その受け皿として、イギリスは長期滞在ビザと国籍までを脱出する香港人に与えると表明した。そして２０２０年６月には台湾も香港脱出の香港人を大量に受け入れると表明している。

このイギリス、台湾の動きこそ、まさに第二次世界大戦の末期に日本軍が計画した河豚計画そのものである。

2020年のイギリス、台湾の動きは香港が抱えるアジア金融センターとしての最新の金融知識と金融工学、金融ＩＴテクノロジーを持った香港人を大量に自国に受け入れることにより、自国産業、特に金融産業の浮揚を図ろうというものである。あわせて香港人の持つ広大な華僑ネットワークも取り込もうというわけである。

また、香港にはアジアで一、二を争う香港大学、香港科技大学があり、その科学技術レベルは世界でも指折りである。そういった科学技術者をイギリスは呼び込もうとし、台湾もこれを呼び込もうとしている。

残念ながら日本はそういう着想もないのか、香港人に長期滞在ビザや国籍を与えるという政策は打ち出していない。

しかし、第二次世界大戦末期の日本は満州国および上海にナチス・ドイツを追われたユダヤ人を数十万人規模で受け入れ、学校や病院を建築し、宗教・信条の自由を保障し、ユダヤ文化、ユダヤの伝統およびユダヤ独自の教育を許す自治区を作ってよいとする河豚計画を実施していたのである。

ユダヤ人を大量に移住させ、日本の対米ハンドリングをさせようとしたのが河豚計画の狙いだ。

この河豚計画にしたがい、日本が占領する上海には東ヨーロッパからナチスドイツに追われたユダヤ人約1万5000人が避難民として逃れて定着した。

しかしその後、1939年になってソ連がナチスドイツと不可侵条約を結んだために、ヨーロッパのユダヤ人たちはソ連を通過して満州に難民として移住することがきわめて難しくなるなか、かの有名な杉原ビザによってやっとのこと、さらに数千人のユダヤ人がウラジオストクから船で敦賀《つるが》に逃れ、神戸に難民として到着したが、日本占領の満州国に留まることはなかった。

しかし日本が真珠湾を攻撃するにおよび、この河豚計画も実質的に消滅するところとなった。

いますぐ日本が進めるべき二つのこと

さて結論を急ごう。

私、石角完爾は日本国が方向感覚を具有するためには、次の二つのうち一つ、もしくは両方を早急に具体化する必要があると主張する。

まず第一は巻頭言で述べた**ギリシャ哲学者ほどの深い思索を巡らし、根源的な問題に提言ができる人材を教育する人材の発掘およびそのような人材を教育するシンクタンクの整備**ならびにそのような人材が生まれるようにするための**MOOC、edXの日本版**の早急なる実現である。さらには国会図書館を凌駕する大英図書館、アメリカの**国会図書館並みの図書館の整備**だ。

そして二番目は**ユダヤ人のような国際的なネットワークを有し、ギリシャ哲学の源流となるユダヤ哲学ないしはそれに匹敵する哲学における、哲学的思索を深めることのできる人材を数万人規模で日本に移住させ、日本の政策決定の主流に取り込むこと**である。

具体的には財務大臣、日銀総裁、内閣総理大臣の特別補佐官などにそういった人材が登用されることである。

読者の一部には、「国の中枢の高官にユダヤ人や外国人を登用するなどとんでもない」という意見を持たれる方が多いかと思うが、世界ではなんら珍しいことではないことを付け加えておく。

具体的な例を挙げておくとすれば、中国には紀元960年頃から開封という都市に多くのユダヤ人が住み着いたが、開封のユダヤ人は北宋の皇帝に取り立てられ、地方の行政長官、今でいえば知事職にまで重用されているという史実がある。むろん、開封のユダヤ人が漢語で官吏登用試験の科挙試験を受けた結果ではあるが。

また紀元前のエジプトではユダヤ人ジョセフがエジプトの内閣総理大臣に登用されたという史実もある。

また最近では、ニクソン大統領の国務長官ヘンリー・キッシンジャーはユダヤ人であったし、アメリカの日銀総裁に相当するFRBの議長はグリーンスパン、バーナンキ、イエレンをはじめ、ユダヤ人がその職に就くことが多かった。

なぜ、日本は国家の大きな方針決定を誤るのか？

さて巻末言を締めるにあたり、なぜ日本人は、特に幕末の開国以降、国際競争、国際的敵対関係の荒波にもまれた時に国家の大きな方針決定の方向性を見失うのかという点について述べておかねばならない。

それは私、石角完爾が見るところ、教育制度にあると思う。

戦後に関していえば、6・3・3・4制という公教育の充実、それに伴う義務化が教育の縮小再生産を進めている。

すなわち、そのような教育を受けた先生に教育される生徒ばかりになり、そのような生徒から生まれた先生がまた、同じ教育システムで教育するから金太郎飴がどんどん生まれる状況になる。

こういう状況では、日本以外の国が全く違う方向に舵を切ったことに誰しもが気づかない。切り株を守る現象に陥る。

コロナ禍になって、テレワークの必要性が叫ばれたが、なぜ日本が5Gの基本的技術の開発に著しく出遅れたのかという議論をする人材が現れない。なぜZoomが日本製ではないのかという議論をする人材が現れない。

そのような人材を生む教育はどうあるべきか、そしてそもそものような方向に国家の舵取りを切るべきであるという提言をすることのできる哲学的思索ができる人材を生み出すためには、どのような教育が必要なのかということを議論する人材がいない。

たとえば、香港の難民を大量に受け入れることにより、日本国が将来どのような人材をその香港の難民から育てることができ、それを日本国のハンドリングのためにどう参与させるかという議論ができる人材を教育する人材がいない。

こうした問題点に気づいていないということこそが問題である。

観光やカジノ産業だけでは国の防衛はできないのだということに気づく人材が生まれてこないことが問題だということを指摘する人材を教育する人材がいないことが問題だ。

しかし見方を変えれば、国民的総意や場の雰囲気ではなく、それに影響されずに一人の人間が深く真剣に考えて政策決断をすることができる人材を日本がかつて持った史実がある。

ゆえに私、石角完爾は、まだまだ日本には希望があると思うのだ。

ノアの再来のごとき井伊直弼の強固な意志

日本の近代史上唯一、日本人自身がユダヤ人やイギリス人、アメリカ人のハンドリングではなく、自らの手で正しい判断をしてハンドリングをなしえた唯一の例がある。

それも国家の存亡を賭けたハンドリングを、日本人自身の手でなしえた唯一の歴史上の人物は、若くして江戸幕府の中枢の筆頭にまで登りつめた**井伊直弼**《なおすけ》である。

幕末の彦根藩の末席を汚していた井伊直弼が大老にまで上り詰めたその教育は、直弼自身の自習にあったことをもう一度我々は噛みしめてみる必要がある。

彼がなしえたハンドリングとは、反対派からの暗殺の脅しにも屈せず、「私の命よりも国家の命運の方が大事である」という井伊直弼の有名な言葉に象徴されるように、日本中の反対、しかも暗殺の脅迫を受けながらも、頑として**日米修好通商条約**を締結して開国に舵を切ったことである。その井伊直弼の判断であるが、これはまさにヘブライ聖書のノアに匹敵する。ノアを彷彿とさせる唯一の日本人であったといえる。

ところが井伊直弼のこの決断力と判断力、貫徹力は決してその当時の公教育、藩校によって育まれたものではなく、自習と独学により育まれたものである。

井伊直弼は彦根藩の庶子（婚外子）として生まれ、藩主を継ぐ順位としては14人目という最下位に位置していたため幼少の頃から彦根城から追い出され、僧院での独学を強いられたのである。

しかしその独学ゆえに大勢に流されず、「周りの空気を読む」という付和雷同性を身に着けずに確固たる信念を貫き通す「忖度しない人格」が形成されたのである。まさにヘブライ聖書のノアそのものの再来といってよい。

不幸にして周りに敵を作るほどの強固な意志の持ち主であったがゆえに暗殺されたが、その暗殺時、井伊直弼は幕府の大老の職にありながら弱冠45歳という若さであったのである。

ちょうどバラク・オバマがアメリカの大統領になったのが47歳であったから、オバマ並みの若さで国の命運を決めるハンドリングを誰の助けも受けることなく成し遂げたのである。

このような人物を井伊直弼以降の日本に探すことは難しく、それがゆえに私、石角完爾はコロナ以降の日本の舵取りは、ピタゴラスをはじめとするギリシャ哲学者のような深い思索と思考を重ねることができる哲学的アプローチができる人材を生むことが急務と考える。

そのためには、日本の現在の6・3・3・4制の公教育ではなく、巻頭に述べたような独学自習の道を用意する必要がある。

これが私、石角完爾の巻末の言葉である。

日本の政治家が学ぶべき井伊直弼の考え方

井伊直弼は特に物事を深く考えることを追究し、物事の原点に立ち返って真理を追究することを学問の中枢とする彦根藩の藩校弘道館で学んだが、その弘道館は徳川幕府の学問の根幹であった朱子学に反対し、荻生徂徠《おぎゅうそらい》の徂徠学を対抗学問として教えていたことで知られている。

物事の原点に立ち返って、古典や歴史を深く哲学的に考えるという真理追究の哲学教育を行なっていたのが彦根藩の弘道館であった。

ところが、井伊直弼はその弘道館の教育はほどほどに、むしろ彦根藩の中にあった善照寺の寺侍から西洋学問、科学、政治学、地理などを聞き及び、独学を重ねることで広く深く物事の真理を追究するという気風を身につけていったのである。

ちなみに井伊直弼は彦根藩の藩主の座に就くや、教育こそ藩政の要であると著しい教育重視の政策を打ち出し、弘道館の教育改革、教育振興に力を入れて取り組んだのである。

彦根藩の庶子14番目の14男として生まれた井伊直弼は何かにつけ不利に扱われ、17歳から30歳近くまで自分自身が、「埋木舎《うもれぎのや》」と名付けたあばら家で一人独学する日々が続いたのである。

「埋木舎」で自習に自習を重ね、物事の原点と真理を深める哲学的思索にふけっていた井伊直弼のこんな歌がある。

世の中を　よそに見つつも　うもれ木の　埋もれておらむ　心なき身は

世間の動きを冷静に立場を変えて眺めている埋もれ木のような自分であるが、自分の心までも埋もれてしまっているわけではないという意味だ。

そして国のため、世のためにハンドリングを間違ってはいけない、ましてや私利私欲、その地位に留まるために保身に走ってはいけないという指導者としての心構えを井伊直弼はこのように詠《よ》んでいる。

あふみの海　磯うつ波の　いく度か　御世《みよ》に　こころを　くだきぬるかな

押し寄せる波のように日本国に難問が押し寄せようとも、私の心はその難問を突破するため、波を砕いて突き進もうとしていると詠んでいるのである。２０２０年の日本の官邸にいる人間とはまったく違う熱き心を感じる井伊直弼の歌ではある。

そして井伊直弼の決意のほどを歌った歌をここにご紹介して、本書の結びとしたい。

咲きかけし　たけき心の　ひと房は　散りての後ぞ　世に匂ひける

命を落としても国のために決断をする。

こういう人間こそノアの方舟のノアであり、コロナ禍に求められる日本の指導者像ではあるまいか。

井伊直弼を生んだ日本にふたたび虹（虹はユダヤの神による祝福の象徴）が輝くことを祈って、筆を措きたい。

【著者プロフィール】

石角完爾（いしずみ・かんじ）

千代田国際経営法律事務所代表。Technion Japan CEO。米国認定教育コンサルタント。

京都府生まれ。北ヨーロッパ在住。京都大学在学中に国家公務員上級試験、司法試験に合格。同大学を主席（当時歴代最高得点）で卒業後、通商産業省（現・経済産業省）を経て弁護士となる。田中角栄の個人的推薦でハーバード大学へ入学。ハーバード大学ロースクール修士号取得、ペンシルバニア大学証券法修士課程修了。1978年ハーバード大学法学校博士課程合格。ウォール・ストリートの名門法律事務所シャーマン・アンド・スターリングを経て、帰国後、千代田国際経営法律事務所を設立、代表に就任。ベルリンのレイドン・イシズミ法律事務所の代表パートナーとなる。日本におけるマイケル・ジャクソンの顧問弁護士を務め、国際弁護士としてアメリカ、ヨーロッパを中心にM&Aのサポートなどで活躍。

息子がオクスフォード大、娘がハーバード大に入ったことから、教育コンサルタントの資格をアメリカで取得。

2007年、5年にわたる厳格な修行のもと、難関の試験及び厳格な割礼手術を経てユダヤ教に改宗しユダヤ人（ウルトラオーソドックス派ハバド・ルバヴィッチ教団所属）となる。日本人男性では50年に一人と言われる。

現在、イスラエルのテクニオン工科大学の公式機関 Technion Japan を経営し、その豊富なユダヤ人ネットワークからイスラエルの最新技術と日本企業をつなぐ技術商社として日本・欧米・イスラエルを中心に活躍中。世界のユダヤ人の中で最も知られた現存の日系ユダヤ人。著書多数。

◎石角完爾オフィシャルWEBサイト
http://www.kanjiishizumi.com/

◎Technion Japan
http://www.technionjapan.com/

ユダヤ
賢者の知恵

2020年8月7日　初版発行
2022年5月20日　2版発行

著　者　石角完爾
発行者　太田　宏
発行所　フォレスト出版株式会社
〒162-0824 東京都新宿区揚場町2-18　白宝ビル7F
電話　03-5229-5750（営業）
　　　03-5229-5757（編集）
URL　http://www.forestpub.co.jp

印刷・製本　萩原印刷株式会社

ISBN978-4-86680-090-5　Printed in Japan

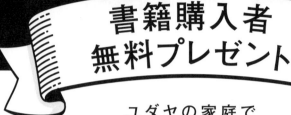